Mai Voice & Mai Young

不声不色……青春

麦麦 著

ARTTIME 时代出版
时代出版传媒股份有限公司
北京时代华文书局

图书在版编目（CIP）数据

不声色不青春 / 麦麦著 . -- 北京 ： 北京时代华文书局，2013.11
ISBN 978-7-80769-144-0

Ⅰ. ①不… Ⅱ. ①麦… Ⅲ. ①麦麦－自传
Ⅳ. ① K825.42

中国版本图书馆 CIP 数据核字（2013）第 256716 号

不声色不青春

麦麦／著

出 版 人　田海明　周殿富

选题策划　赵秀彦　邢　楠　MAIstudio　　责任编辑　邢　楠
责任校对　邢　楠　　装帧设计　FaFaZhang　　责任印制　刘　银

出　　版　时代出版传媒股份有限公司　http://www.press-mart.com
　　　　　北 京 时 代 华 文 书 局　http://www.bjsdsj.com.cn
　　　　　北京市东城区安定门外大街 136 号皇城国际大厦 A 座 8 楼　邮编：100011

发　　行　北京时代华文书局图书发行部　（010）64267120 64267397
印　　制　北京卡乐富彩色印刷有限公司　（010）60200652

规　　格　695mm×995mm　1/16
印　　张　16
字　　数　183 千字
版　　次　2014 年 3 月第 1 版　2014 年 3 月第 1 次印刷
书　　号　ISBN　978-7-80769-144-0
定　　价　39.00 元

写给麦麦

戴军

曾经有一个非常流行的笑话。客人坐出租车，听到电台里的主持人说：大家好！我是 DJ 麦麦，麦同学！下面送上的是范范、范玮琪的一首新歌……客人很诧异，说：现在都是什么情况？这么结巴也能当主持人！的士司机更诧异，说：你连 DJ 麦同学都不知道吗？这虽然是个笑话，可是，足以印证了 DJ 麦同学在有车一族群体中的傲人地位！

说实话，麦同学是一朵奇葩。认识他之前就很爱听他的节目，他总是说着说着，就在话筒前唱了起来，而且唱得相当得好。不夸张地说，很多时候甚至比原唱还要好！这就非常的了不起了。如果去电台做过节目的朋友应该都知道，播音台上的那个是说话的话筒，没有混音、也没有效果声，声音的驾驭能力如果差一点，唱歌就很容易跑调。可是，麦同学就有这个本事。男生的歌，调多高他都上得去；女生的歌，他就怡然自得地唱些和声，音准到位，听上去像 CD 里本来就有的一般。不能否认，他也有唱得难听的时候……但他从来不会尴尬，依然唱得兴高采烈的，听上去跟原唱有仇的一样。就这么过了一段日子，听他的节目成了一种习惯。麦同学激发了我的好奇心，从来就没有人这么主持节目的：从周一到周日，每天早上要亢奋几个小时，还常年无休。我好想认识一下脸皮相当厚且又非常能吃苦的麦同学。我们有缘认识并成为好朋友是因为麦同学来我的节目做嘉宾。那天我才知道他真的很红。当他自我介绍他是 DJ 麦麦，麦同学时，现场的掌声最热烈。然后，我见识了一个自娱自乐的、完全无需主持人就可以自己 High 起来的嘉宾。

有一天，麦同学请我去看他演的话剧。我说：你演啥？他说：演个电台 DJ。我说：你真无聊，本色出演，跟加班有何区别。他笑着说：你看了就知道了，我可不敢那么去主持，比我夸张多了。

一句话激起了我的好奇心，比他还夸张？那得满台打着滚儿主持吧？那是一出超级无聊的小剧场话剧……我耐着性子等到麦同学出场，他果然点燃了全场。而且，相当多的人也跟我一样，就在等着看他出场呢。他是属于人来疯型的，掌声越多，他越撒着欢儿演。最后真的是恨不得打着滚儿在台上演完了那一段，把我笑得够呛。

我写到这儿，相信很多只闻麦同学其声、不见麦同学其人的听众，已经开始为他的长相着急了。性格如此开朗的麦同学会不会也长了一张很坚强、很努力的脸呢。运气真好！他有一副偶像的、精致的长相。这么偶像加努力的麦同学出书了。实在值得期待啊！

青春去哪儿

背包客小鹏

两年前我在巴塞罗那的一家中餐馆吃自助，音箱里竟然传出麦麦主持的《边走边唱》，我赶紧给他发短信，我说你牛逼啊，以后就管你叫国际麦！

其实熟悉麦麦的人都知道，他的风光，天赋只占一小点，更多是因为他知道自己的方向——永远听自己内心的声音，其他爱谁谁。的确，麦麦可能比大多数年轻人更有方向感，这里的方向感自然不是指会认路，往太阳下一站就能分清南北西东，而是明白生命中什么更重要。想找到这种方向感也不是什么难事，来一次一个人的旅行或者把自己关进一个没电视没电话没电脑的房子里，不用多，就一天，你就会从胡思乱想渐渐变得心无杂念，这也是所谓放空的过程，即使在黑暗中，眼睛却越来越亮，再往前走走，就出现了一条路一盏光一点希望。

你看莫扎特就是这么干的，他在创作前会把自己关在一个小屋里，然后自问三个问题，我是谁？从哪来？去往何方？当他想明白这仨问题，什么曲式旋律乐章就会一气呵成。

接下来的问题是，选择内心方向谈何容易！就在你面临选择时，心里的小恶魔们会蹦出来，干扰你打扰你骚扰你，比如我如果这么做了，会不会少赚很多钱？会不会被同行笑话？好不容易聚起的名誉会不会一朝而散？这一道道迷魂汤灌下去，大多数人往往会迷失方向，但也有一些内心力量无比强大的人，比如我们的小主人公麦麦，强大到能透过迷雾看到自己的内心，然后果断选择，再经过若干次诸如此类的艰难取舍，最终成为今天的那个自己。

麦麦已经告诉你青春这条长河该朝哪个方向流淌了，他行，你也没问题。

自序

毕业了，我究竟该怎样生活？是 HIGH 的还是安静的，是新鲜多一点还是麻辣多一些，是富贵命好还是文艺气质更重要？想着想着仿佛一杯咖啡的时间就让我成长了很多年，虽然依旧还带着诸如此类的问题在过生活，但随着这么多年的直播生活使得问题的问法和答案都悄然更换了容貌。

生活中、工作中常常会不经意地冒出这种难以权衡与取舍的选择题，在我的世界里渐渐地混为一体，于是，我开始不作选择，只跟随感觉。不知不觉中，工作与生活，兴趣与烦恼，忙碌与发呆，梦想与现实，我空间里的一切好像都开始运转做“融合”这个动作。慢慢地，我也不知道什么时候开始，我的节目那么受欢迎，各种杂志拍摄、电视访谈、品牌代言、舞台剧演出等纷纷邀约，台里台外忙得不可开交。

有一天，我发现新浪微博上竟有好多听众粉丝开始叫我“麦神”，我有点被吓到，这个“神”字是要闹哪样？我自己理解为“精气神儿”、“神奇”、“入神”抑或是“神经”。老实讲，现在生活在都市里的人多多少少都有些爱发神经，跟慢性鼻炎一样，只是有的人一天打一个喷嚏而有的人一个喷嚏打一天而已，都有点症状但程度不同。不必回避，用最 HIGH 的方式去面对它，任何悲或喜也就都随之舞动起来了，这么一来就通透了。再加龃龉，我和听众的关系也是依赖于“神”这个字，每天用 FM 电波作为载体，通过声音扮演着“最熟悉的陌生人”。太冷冰？那换一种浪漫的方式来讲：每天以 FM 电波作为幸福社交的温馨平台，我与成千上万的听众用声音谈着各种美好甜蜜的恋爱，各种彼此“神”交、彼此领悟，声声入耳、掷地有声，唯独有那么点遗憾就是少了些画面留存。

就在这个时候，我庆幸这本书让我的呈现更加立体，希望通过我的文字和最率性的表达，让你了解我如何成长的同时，也发现和了解那个未来“有声有色”的、真实的自己。

2013 阳光耀眼的夏天

目录

在我的电台节目或我的书里面，请你不要看我，尽可能地去看自己青春的影子，怀念或者遗憾，兴奋或者知足，我们都不得不承认，即使是那样平淡的日子也变成了人生中戏剧般的一段时光，青春盛宴，人生竟曾有过如此巨大而丰富的能量来供我们享用。可是，后来它们都去了哪里？

当我还是小孩子

Childhood

“小天鹅”起飞记

很多听过我节目的人见到现实生活里“活的”我，差不多都是一样的开场白：麦同学，你每天要打多少鸡血去上节目啊？每天不用睡觉的吗？怎么每次在节目里都那么活泼哦？每每遇到这种状况，我内心的娇羞感就开始作祟，因为，小时候的我可完全不是这样的，是不是也有“男大七十二变”的道理可循？别看我每天在电台音乐节目《边走边唱》里又唱又跳，活力荡漾的不得了，连做现场活动时也那么的“天然 HIGH”，其实我小时候是个能够躺着绝不坐着、能够坐着绝不站着、能够站着绝不挪窝儿的不折不扣的贪睡鬼！要是英国的战时首相丘吉尔听到这话，一定高兴得不得了。他就这观点，但人家不贪睡，头上成天是希特勒的飞机，想睡也不成。看吧，我竟然在这么小的时候就找到了“知音”。

上幼儿园那会儿，我的邻居每天早上都会因为我和我爸的出场而受到惊吓。

经常一大早，他们就看到一个穿着黑色风衣的男子神色非常匆忙，一手提着书包、公文包，一只胳膊夹着一个睡眼惺忪的小孩，完全一副拐卖儿童嫌疑人的模样出场。这个风一样的男子是我爸，而那个睡眼惺忪的熊孩子就是……就是为了赶一趟去东城的公交车送我去幼儿园。

每天早上到了要起床的时候，我都是被爸妈强行从被窝里揪起来，他们用各种理由“骗”我起床。因为 365 天每天需要不一样的起床理由，我想我爸妈当时在这项工作上面应该创意感十足（偷笑）。然后，他们会用最短的时间忙乱地给我套上衣服，搁现在他们肯定可以获得“全球最快穿衣大赛”第一名。那时候我都是懒得睁眼的，把自己扮演成一个软塌塌的海底软体动物，由内而外地想要继续赖在床上面任人宰割。我们家当时住在西城，要坐一趟公交车跨城区上学真的有点远，所以 5 点就要起床。现在想起来，小孩子赖床很正常啊，但父母回忆起来就会说我那个时候很挼（ruá，弱的意思，这个字最近很流行哎），天天都是被爸爸夹在胳膊下赶公交车。

时间长了，售票员阿姨都认识我们父子了，每每我爸把我夹上车之后，售票员除了奇怪之外，应该也会想，这孩子这样也可以睡得如此香甜？后来慢慢大家都习惯了，她也会把我抱到她坐的那个位置上扶好，任由我继续装睡。我的装睡骗过了那位阿姨，得到了不少的“优惠”待遇，至今脑海里还能依稀有一些那位阿姨的印象，戴着耳环，脸特别小，皮肤有点现在美黑过后的光泽（那个时候应该还没有美黑这回事儿吧），有点韩式美女的感觉。有时我懒得装睡就会观察这位漂亮阿姨，她给上车乘客们撕票的动作特别麻利，感觉像是现在宅女们打 DOTA（魔兽争霸）的那种熟练系数。当时我觉得这项工作特别好玩，特别期待每每到月末的时候，我就可以获得一份她送给我的特殊礼物：票夹里留下的厚厚一沓票根。现在想想我这个永远都“睡不够”小孩收藏的兴趣点也蛮奇怪的。不过，那的确是一种花钱也买不到的光阴纪念。

想起在幼儿园里的日子，还真的有点不堪回首。那时候在小小的集体里，我就已经慢慢展露出大大的文艺细胞了。也不知道老师为什么总是特别看好我，常常让我在一些汇报演出里头唱歌、跳舞、朗诵什么的。我印象特别深刻的是，有一次市领导突然要看我们班的汇报演出，幼儿园老师被领导们一时的心血来潮搞得措手不及，但又不得不硬着头皮去完成任务，于是紧锣密鼓地给我们编排了一个小天鹅的集体舞表演。可尴尬的，是当时班里男生比女生多好多，就在老师们因为“男天鹅”和“女天鹅”人数不均的问题纠结得抓耳挠腮时，我悄悄跑过去说：老师，你看我们这几个小男生长得这么可爱、皮肤这么Q，我们扮演“女天鹅”不就好啦！当时老师眼睛一亮，激动得泪水都要喷涌而出了，于是她们要求部分长得清秀、比较纤瘦的男生通通换上“女天鹅”的裙子跳舞。其实，开始我还乐在其中，我觉得我在为艺术现身呢，为集体出谋划策。但是，我发现从排练到正式演出，班里其他被选中穿“女天鹅”裙子跳舞的男生好像显得不那么高兴。后来才知道，他们真心觉得尴尬和丢人，可我那个时候完全沉浸其中，还安慰他们说：“不就是表演吗？下次我们扮演别的！没事啦！”我的小伙伴们用更加错愕的表情望着我，好像在说：还有下次啊？

回忆童年的趣事，我明白了两件事：

一、我从小就是个善解人意、会安慰人、解放天性的爱演鬼；

二、那个时候我就在搞COSPLAY（角色扮演）这回事了。

给我“第一次”的两个女人

我们中华民族的大成至圣先师孔老夫子讲过“食色者，性也”。既然是天性，那就是很自然的事情。对于前者没有人忌讳，可是对于后者便无论是高官显贵还是下里巴人，都讳莫如深。其实“色”本质上是一种爱美之心，是一种出众、出彩，所以《诗经》上说“关关雎鸠”，所以我说不声色不青春。而我这里所说的给我“第一次”的两个女人，是我少年时代和我第一次做主持人的小搭档和我的妈妈。你，不要想歪了哦！

小时候一直觉得，如果长大之后我真做了主持人，那我身边一定会有一位超级漂亮、温文尔雅、智慧与美貌并存的女搭档。可是自从我成为一名电台DJ以后好像一直都是一个人，一个人写文案，一个人当制作人，一个人选歌，一个人录音，一个人编曲，一个人主持。好像这么多年正儿八经的没拥有过几次女搭档，更不用谈智慧与美貌并存的——女搭档。

不过，我上学的时候还是很幸运的，有过很多漂亮的女同学和我搭档，跟我一起扮演“金童玉女”双声主持角色，伴随我慢慢长大。人生中第一位跟我搭档的女生是我在小学一年级的同班同学，她叫张路，印象里她总是忙于给别人解释为什么她的名字是马路的路而不是露水的露。她在学校里算是比较高挑的女生，加上她跟我一样纤瘦身材，原汁原味的娃娃音。哈！现在想想还真有点小学生版林志玲的感觉，索性接下来我就叫她“小林志玲”吧。

1993 年，我所在的城市建市十周年，各行各业都张灯结彩地准备着庆祝活动，其中一项内容是在全市小学范围内挑选一男一女代表所有优秀的、富有朝气的小学生在开幕式上献词。那个时候我也就 7 岁，虽然喜欢在课堂内外搞怪胡闹，但也让老师看到了我爱唱歌跳舞、特别文艺的一面，而且我也算能说会道的活跃分子，受电视女主播的妈妈影响，普通话还算标准，莫名其妙被挑出来好像也是冥冥之中注定的事似的。当然，这次我不用穿小天鹅裙子男扮女装了（捂嘴窃笑）。特别巧的是，女生选的就是“小林志玲”，那时好像她还比我还高一点，傲慢与气质并存的“小林志玲”，摘掉近视眼镜还挺好看。那时候，我们每天放学都要去办公室排练，翻来覆去地重复演说词，各种歌颂各种赞美什么的。

除了台词的训练，我们还要排练庆祝日当天的上下台走位和表情等，特别像现在参加电视选秀入选之后的训练。

终于，期盼已久的正式演出日子到了，我们在上台前互相给对方加油，加油的台词可能是"别紧张"、"你行的"、"你爸妈在下面坐着呢"、"唉，我看见你爸了"之类的。还没回过神来，我们就被推上了台，齐刷刷地敬礼礼毕，开始在众人的瞩目下朗诵献词。我还记得当时我们各捧一个方方正正的红色夹子，走上主席台后要统一动作，马虎不得，小声地默念"一、二、三"然后"唰"的一声打开（那个时候就训练了我说话想让几个人听见就让几个人听见的本领）。我们的个子很小，那红夹子却特别大，大到几乎要把我们整个头部全挡住，而我俩却依旧像小大人一样，自信满满地念着风光美好、祖国山河之类的华丽辞藻，念完之后又"一、二、三"默念后"唰"的合上，起步向前走敬礼，特别有奥运会开幕式般的仪式感。从那以后，一发不可收拾，学校但凡有什么大的活动、演出，都会让我俩搭档主持。慢慢地，我开始觉得自己好像也不再是一个普通的小学生了，逐渐变成了学校里的小小公众人物，不仅老师和同学的话题里会有我，学校教导处的大喇叭里也经常会播放三年二班的麦同学为校争光，我们要向他看齐！

我的这些成绩其实很多都是受妈妈的影响。在主持方面真正给我启蒙的人，应该就是我的妈妈了。爆料一下，我从小就有一位明星妈妈，她是我们城市里第一代电视新闻女主播。那时跟现在不同，平时大家除了看中央台的新闻联播外，看的最多的就是当地的电视新闻，所以大家对她的样子和声音都非常熟悉。小时候出门，经常有人指着我说这就是那个明星主播谁谁谁的儿子，我和妈妈一起逛街的时候也会经常受到大家的围观和注视。我有时会很享受她的光环罩在自己身上的感觉，有的时候也会因此而烦恼。现在想想，那么小的自己，就有那么多的想法，真的是一个“思想小孩”啊！那时不知哪天迸发出了一个想法，会不会以后某一天也会有人指着我妈妈说：这就是那个著名主播谁谁谁的妈妈呢？（我小时候的想法会不会太大胆？）

转眼间，我长大了，妈妈也由幕前转向了幕后。有一次她去给广播电视协会的全国栏目大赛当评委，看到全国各地很多参赛的电台主持人在“我最欣赏的电台主持人”栏里填的是我的名字，她告诉我这些的时候就像小时候的我看她一样，为我感到由衷的喜悦和自豪。妈妈很少夸我，给我更多的都是一些细微的建议和鼓励。当我渐渐取得一些成绩的时候，她也照样只是只言片语的鼓励，更多的还是一遍遍地提醒我要按时吃饭、注意身体。就这样，我们也在时光的河里慢慢感受着彼此的改变和成长，从那个时候小孩子的我放学回家后在电视里看妈妈，到现在妈妈在收音机里听着，似乎有一些改变，似乎又没有变，温暖而美好地延续着那些生命中最最真实的感动。

外星来的孩子

打小我就跟别的小孩思维不太一样，我总是希望与众不同，脑海也总有一些奇奇怪怪的想法冒出来，也一度怀疑过自己会不会真的是外星球来的孩子。

那个时候，在别人的眼里我们这些小孩子好像天天无忧无虑的，其实他们都不知道，我每天琢磨的事情有好多。比如升到小学高年级的时候，我开始特别在意自己的外形，尤其是发型，开学典礼前一天晚上我就在考虑我要梳一个什么样的发型。在小学三年级的一个夏天，我突然又把自己剃成了光头，不是真的把头发剃光了，是那种很短很短的寸头，就因为暑假的时候看了一部特别火的电视剧《真命小和尚》。我觉得里面演的就是我啊，我就应该是那个小和尚，光头实在太帅了。现在想想，我爸妈和我的同桌当时是顶着多大的压力和我一起度过的那段日子啊！“你儿子没犯什么事儿吧？看他平时挺听话的……”“听说你同桌是个和尚？他怎么没头发？”而且，我当时在书包上也下了一番功夫，非要搞得和别人不一样，人家背双肩的，我就背斜肩的，人家背斜挎的，我就背系腰上的。总之就是要不一样，总是希望自己生活无处不个性。长大后，仔细想来，个性这种东西有好的一面，也有不好的一面，关键是你的个性是哪一种。其实每个人都是一种个性的存在，就像树上的叶子一样，没有哪两片叶子是完全相同的，但它们又都是叶子。所以说没有自己个性的人就等于这世界就没有他的存在。不过还有一种也被称为“个性”的，就是大家伙所说的“隔路”——不合群，总和别人唱反调。人一旦形成这种个性，那就快要“自绝于党和人民了”。大家千万不要把我的“个性”理解为这一种。

小学那会儿，我的兴趣就特别广泛，唱歌、朗诵、主持，样样都来。我又在某一个阳光的暑假加入了军乐团，指挥、吹号、打鼓之类的都想学一学。同时，我那时就开始接触了钢琴、电子琴之类的乐器。当时，特别流行周末特长补习班，就是周末多收你20块钱，开舞蹈、芭蕾之类的周末培训班。老师问我的时候，我毫不犹豫就选了英语班，不过我上英语班可不是像其他同学那样是为了把英语练得有多棒，我只是单纯地想有个属于自己的英文名字而已。因为当时班上有个女生特别像混血儿，个子高高的，眼睫毛长长的，特别异域风情的感觉。她的英语成绩特别好，字也写得特别工整漂亮，最重要的是她有一个特别长的英语名字，好像是叫Margueritegulilulu什么的。我当时就想，非要把英语名字起那么长吗？她的英语名字那么的长，学习那么的好，我一定要取个比她的还要长的英文名字，如果我想要和她齐头并进的话，至少也要取个和她差不多长的。后来，英语老师给我们分配名字的时候，毫不顾忌我的个人内心感受，瞬间随性地塞给了我一个出奇短的，Tim、Tom之类的。从此之后，我就觉得那位老师特别不负责任，也不知道这名字跟我性格合不合就硬塞给我了，这让我纠结了好久。现在想想，当时真是好傻、好天真啊！我应该不是地球人吧。

兴趣与爱好，对人的一生也很重要，但兴趣也有成长性。兴趣种子原初不过是一种个人的喜好，但长着长着，有的开出花来，便成为了一种职业；有的结出果来，就是一种成就；有的不开花不结果，就成了一株谷莠子。而今天的我之所以是这个样子，就与我的兴趣有很大的关系。

108 种回家招式

学生时代的我特别喜欢胡思乱想，总是能想象出很多美好或是刺激的事情充实着无聊普通的生活。在老师眼里，我也是个不折不扣的“幻想症小孩”，总是拥有异想天开的小心思。有时课上走神就不用讲了，也不是什么光彩的事。那时候会单手撑着脑袋望着窗外，思考世界上到底有没有外星人，放学回家路上小伙伴会不会突然被飞船吸走消失，然后去了别的星球会再告诉我他过得很好之类，总之小小年纪已经有了怪咖编剧的思路就对了。可能也是当时看一些国外的电影或电视剧的缘故，我很喜欢和小伙伴们一起玩角色扮演，就是现在的 COSPLAY 吧，只不过我们没有穿上一些奇怪的动漫里的衣服，最多会在放学回家的路上，开始“入戏”，和小伙伴们做一些奇怪的事情。

比如，我们小学放学后，完全可以顺着一条马路走，过个路口就到家了，可是我们偏偏要幻想自己是骑士，是被冷落的王子之类的，秉持着无比笃定的

探险精神，一定要七拐八拐翻墙越院才过瘾，去探求 108 种回家的方式。那时候我们都是排队结伴回家，我就会带领小伙伴去一些小商小贩聚集的地方，因为那里会有很多外地人在那做生意，能听到很多方言，环境也比较杂乱，我们就穿行在自己幻想的世界里，给自己营造危险氛围，然后和大家说："好危险，好危险啊！我们要团结，一起勇闯难关！"现在想想当时的自己简直傻透了。当时我们还爬过不少人家的窗户，越过不少人家的后院。在穿过某个区域时，今天可能会爬上二楼翻院子过去，明天可能走一条窄巷然后挤道铁门过去，总之我们那时候的人生就是寻求"不走寻常路"。这里要注意，哎呦，不是植入广告哦，如有雷同，算我抄你。而且那时我们会有很多的"秘密基地"，在城市绿地的各处花坛里，一些奇奇怪怪的、破破烂烂的宝贝就会被藏匿在那里，比如一些好看的瓶瓶罐罐、食品里的赠卡什么的，一段时间后就消失了，我们还会分析为什么会消失（当然是被保洁阿姨拿走了），经过长时间的争论和考

至于怎么创造灵感，就像我们小时候走过的

那108条回家的路，总有一条，会让你收获。

察，当时甚至觉得可能是被外星人收走的。

或许正是我从小就有很多奇奇怪怪的点子，才慢慢造就了我生活里的一些创意，在节目里的一些所谓的灵感。创意也是需要积淀的，我一直在努力用我的人生中的每分每秒去发现生活和记忆里每一个小小的、可爱的细节和灵感。比如现在的一些音乐人其实都不缺好的硬件，做出的作品却总是慢人一拍或永远跟风；比如有的词人在想如何把词写得更文艺、更押韵的时候，别人已经在写两段式的歌词了；国内舞曲当道，要做电子乐的时候，人家已经在玩新的节奏形态了；所以无论哪行哪业，我们都要勇敢地拥有一些"怪异"的想法，只要先敢想，就不怕没有新的感悟和灵感。

现在想来，小孩子真是不可以蔑视的。一个人一生所走过的路，似乎都不过是孩提时代种种幼稚、天真的所思、所想、所为的一种延伸演绎。人生真有点像一部动漫游戏，每个人都要扮演一个特定的角色，而这个角色似乎就是一种规定性的命运。人生又像是一个编剧，得有创意。创意来自异想天开，没有"异想"，哪有"天开"？世界上只怕想不到，连想都不敢想、不会想，那还会有做到吗？人生又忒像我小时候回家的路。这一条路完全可以是两点一线式的简简单单，也可以走得丰富多彩。有人说平平淡淡才是真，但我却觉得，青春一回，总不该死水一潭、死气沉沉。大诗人屈原讲"青春昭只"，是说春天亮亮堂堂，万物勃发，莺飞草长，处处充满了生机。革命前辈李大钊认为青春是一朵不落的花，就是说青春当如花一样的绚丽出彩。人的青春时节是该有这种勃勃向上的生气，但不要死气。要有一点骑士精神，把一条路闯出108种样式来，让这一生只来一次的青春有声有色才好。

“

许多美好的事物都需要经过酝酿，青春也如此。

”

长大，就是一点点改变的累积

我是个好奇心极强的孩子，小时候特别痴迷买各种各样的袋装零食。别人都以为我只是爱吃零食而已，殊不知我是“醉翁之意不在酒”。因为小时候卖的那种膨化食品里面总会随机附送一个玩具，在你没有打开零食包装之前，你永远都不知道里面装着什么样的玩具，甚至不一定是玩具，我就拆出过磁带、橡皮、芭比娃娃、胶卷、发卡等。当然，最后我也不知道我要这些东西究竟有什么用。

在大人的印象里，我比家族里的兄弟们更爱买零食，这也意味着每个月我的零花钱会比较紧张。那时舅舅会觉得我是一个人精，小姨也经常管我叫“海灯法师”（觉得我神叨），因为在他们眼里，同样额度的零花钱，我总是能够买比兄弟们多得多的东西。我表哥比我大一岁，表弟比我小一岁，他们是运动系男孩，在当时我看他们是属于“野人系”，比较“野蛮”，而只有我是走比较文艺一点的小清新路线。小时候我们一起买东西，比如有件东西一块钱，他们付钱拿了就走头也不回，我却会跟老板讨价还价一番，“这个东西怎么可能一块钱，你隔壁明明卖八毛钱，算了我去隔壁买好了，以后都在隔壁买，整个学期都在隔壁买”，老板经常被我噎得哭笑不得。他肯定会想这个小孩子口才了得，究竟是哪里冒出来的？再者，隔壁店完完全全是个照相馆啊！反正在对付小卖部老板这方面我真的有一套，或许老板那个时候会觉得这个小孩好可爱卖给你算了，有时可能也会觉得这个小孩吵死了，赶紧把东西给你走人免得影响生意。而我那时的精打细算，其实乐趣不在于我要怎么省钱，而是觉得自导自演的这出戏很带劲儿，完全享受其中。当然，再厉害的“影帝”，也有失手的时候。

我小学时数学成绩很一般，也许是因为当时的我就预感将来可能会发明电脑这个东西，根本不需要耗费太多的脑细胞在 β 上面，这与我的精打细算并不匹配，完全是因为我的数学课是体育老师教的。你信吗？反正我是信了，我那个时候的数学老师个子很高，外形特别像位体育老师。应该是大学毕业没多久的学生，留了两撮小胡子，一给我们上完课就跑到操场上去打篮球，当时在课堂上我就分析他可能是在体育方面有自己的梦想，郁郁不得志，只能屈身来教数学，搭配上小胡子的面相，

对还是小学生的我来说，感觉有点凶凶的威严感。而且那时候他布置的数学作业我也觉得非常不合理，我身子骨那么小，年纪也那么小，课业负担那么大，书包那么沉，而且我是文艺课代表，经常需要排练节目，学校有活动也需要我参加，那时候已经“通告”很满（跟他布置很多的数学作业好像没什么关系）。

到二三年级的时候，下午放学前经常会有老师突然敲门，“当当当”，然后老师就说麦麦你和某某老师去排练节目吧，我就出了教室。有时，老师会委托我的搭档“小林志玲”来找我，她就会敲门说：“麦麦，今天下午要排练节目，这个事情是某某老师允许的，你现在收拾好书包我们就可以走了。”几乎所有同学就会“哇哦”起哄，因为他们太羡慕那时候的我了，觉得我很轻松地就可以因为“为校争光”这事不需任何理由而“翘课”。身边的同学们越是羡慕嫉妒恨，我越会拿出“小影帝”的表情，大叹一声：“哎，又要排练。”那个时候是会演的，因为要演给正在授课的老师看。如果你表现得很开心，老师一定会觉得你就是借排练的名义不想上课，不爱学习，是坏小孩。所以走到门口的时候我还会加上两句台词，“哎，又排练，真是的，课都没法上了”，而且每次的台词还不能重样。老师就会觉得麦麦真是个既爱学习又努力，又会为校争光的好孩子。

再好的学生也有讨厌家庭作业的时候，而我还经常有排练，所以难免有时会完不成作业，尤其是数学作业！我记得有几次布置的数学作业太多而忘做了，小胡子数学老师就会问：“麦麦怎么没交作业？”我就超自然站起来，面不改色心不跳地说：“老师，我忘带了，昨天排练收拾东西特别紧张就忘了带。”老师可能觉得这很正常，孩子这么小就肩负那么多为校争光的重任，还不耽误课业，于是就让我明天带过来，并嘱咐下次别忘了。

第二次，我又没写完，就跟老师说："老师，我做得特别认真，全部都写完了，就是忘记带了，我还是像上次一样明天再补交吧。"老师也只能说行吧行吧。我记得当时还有别人没交作业，说的理由老师不信就让他们统统罚站去。老师觉得我排练这么辛苦，做作业还这么认真，是值得大家学习的好孩子，还让大家给我掌声鼓励，我还在座位上装作不好意思地说没关系没关系。其实，当时并没有觉得是在骗老师，而是认为那就是我人生的一种华丽丽的表演的时候。第三次，我这个"小影帝"戏可就演砸了。又是没带作业，老师不忍心罚我，因为我一般事后都补上了，他就叮嘱我说："你怎么又没带啊，你能不能想着一定带着作业来上课？"我坐的位置特别靠前，正好我的书包就在桌子上，他就边甩着我的书包边说："你就不能想着把你的作业本装进书包里吗？"没想到"啪"的一声，数学作业本从书包里掉出来了，他就默默地从地上捡起来，打开一看发现里面是空的，立马小宇宙爆发火大："没带是吧，这是什么？"老师从此就知道原来麦麦是个"小影帝"，以后千万不能再信他，没带就一定是没写。就这样，我的数学成绩从那以后提高了很多。

到了新学期，除了同学们升年级换班，授课老师也有一些改变，来了新的数学老师，是一位我现在完全想不起模样的老师。我的数学成绩也默默地回到了之前的水平，而自己在学校里的“通告”还是那么满，只是不再为自己没做作业找借口，好像长大就是一点点改变的累积。印象里最后一次见到“小胡子”数学老师，他好像如愿以偿地被学校安排去教体育课，常带着一帮小朋友在操场打篮球，背影还挺帅！

长大，是生命的法则，但也许是一种悲哀、一种失却，就像是一朵花变成了一只果子，再没了那种生动、烂漫；长大更是一种生命的升华，就像蛹化为蝶一样，虽然痛苦地脱去了它就有的外壳，但却从此由地上来到了树梢，得以享受阳光与雨露，可以天天尽情自由地歌唱，也为自己的生命在这个世界上增添了一种与众不同的声音。

小学就在上头条

都说走在历史前沿的人一定是最早出现在报纸头条上的那个人。按照这个道理，我小学一年级就很不低调地走在前沿，因为那个时候我就在上头条。"我市实验小学天才小记者全英语采访美国米德兰市市长"，这个报纸的头版头条标题是1993年9月美国米德兰市彭斯市长率友好代表团来我们城市进行友好访问，共庆两市结好十周年的记者见面会报道中出现过的，曾轰动全市和全校，当然也震惊了校长（校长看到这一段会不会拉我去教导处训话）。

自从我参加了周末英语辅导班，有了自己算不上喜欢的英文名字后，这让小小年纪的我由内而外透出一种与众不同的自豪感，虽说又是自己的异想天开，加上当时我还是《山东少年报》的小记者（其实我也是莫名其妙地当上了这家报社的小记者的）。一张小小的记者证又赋予了我冲在"前线"的使命感。美国市长和小朋友来访，我怎么能不热情迎接呢？我记得当时市里安排了很多活动，我们小学是其中一站。陪访的美国老师就带了一群“洋娃娃”来参观，那时候见老外的机会并不多，他们手里还挥舞着各色小礼物，从来没见过的贴纸、BlingBling（闪亮亮）的文具什么的，那对于我们来说就像现在的女孩子看见国外新款名牌包包一样兴奋，都是交换过来要拿回家收藏的宝贝。记者见面会当天，我还特意在头上抹了很多爸爸的法拉油（现在应该脱销许久了），穿了一件很精神的白衬衫，拿着采访机就往前挤，也不知道有没有电、有没有开机，管他呢。其实，学校已经安排我作为代表与来访的学生互动，没有要求我一定要去采访，我都不知道哪来的勇气和灵感就一个劲儿地往前冲。美国城市的市长率团来访在我们那个地方算是大事了，吸引了很多省市主流媒体记者来报道，本来是要拍来访市长的，我正好挤到了第一排，上来就：“How do you do?”现场两秒钟的定格，之后就是“唰唰唰”的闪光声，全场记者纷纷把镜头对准了我们。这位市长也被我搞得兴奋起来，对我叽里呱啦说了一大堆的话。于是记者们就拍下了我举着话筒采访市长的珍贵画面，第二天我就荣登各大报纸的头条。其实当时我只讲了几句英文而已，他们就把我写成了“疯狂李阳”，说我用全英语与市长直接对话，把我说得跟神童似的。校长第二天看到报纸后，也和众多师生一样大跌眼镜和大跌隐形眼镜，他们知道我是个文艺骨干，但没想到还有这一手，后来还安排我在升旗台前的大操场上拿着大喇叭给全校同学演讲，还好，不是用英语。

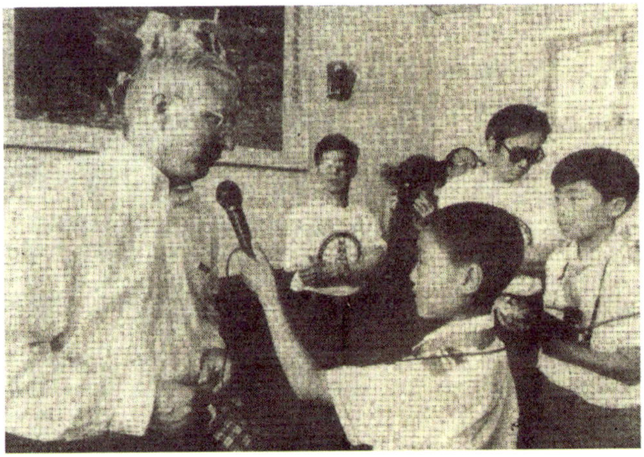

虽然此前每周一我已经在主持全校的升旗仪式了，但这次才真正让我变成了学校里的公众人物，就连吝啬的小卖部老板见我都主动给我打折，这才意识到摊上大事儿了。也许正是因为我小小年纪就接触到了各式各样在公开场合表现的机会，同时也承受了它们带给我的各种反馈，不仅没有改变我的心态，没有让我变紧张，反而让我学会更好地释放自己和发挥自己的特长，这也是作为广播事业工作者的我最最宝贵的经历和积累。

生命有时就像一盏孔明灯，需要有足够的热力，才能鼓动它不断地升高，而生命的热力不只是热情，有时是需要一种勇气和准备的。

如果当时的我没有那不羞不惧的勇气，没有对英文名字那份“执着”的爱，就没有了这一次的“上头条”。事实上所有人缺少的都不是机会，而生活是决不会给那些退缩、逃避的人以站在历史与时代前沿的位置。就像是迎春花一样，正因为它们天生的不怕春寒，虽然远非天生丽质但却不羞拘于展示自己的色彩，又在上一年准备好了花蕾，所以才会有“春风第一枝”的光彩与荣耀。其实人生的好多哲理都可以在大自然中寻找到，人类真的应该多向大自然学习才是。（突然被自己严肃的样子吓到！）

好奇好好奇

我觉得越是“风光人物”的背后越容易刻着一道孤独，出现一些心酸史和令人汗颜的回忆。好像跟我上面的标题没什么关系是吧？好吧，我想说的是，好奇是要付出代价的。

有一年春节，我还读小学，我和附近的几个小伙伴一起在门口放鞭炮，不走寻常路的好奇心又开始作祟，玩过普通玩法后就怂恿大家变着法子玩。开始是在树上挂着放，然后在地上摆成S形，之后又摆成一个圆圈，后来又变成三角形，鞭炮挨着递次摆放，一个引燃另一个，玩到最后这些都不能满足我的新奇感，有种没得玩了的失落感。

就在这时，我突然灵光一闪，要不把鞭炮掰开玩呲花吧？开始是两个，后来又三个四个的，摆好点火地上就会被火药燎出一些奇异的图案，后来觉得都这么玩，还是没有创意，小型的呲花已经满足不了我永无止境的好奇心了，所以，我要做个巨无霸！正好地上有一些雷子燃放过后剩下的空管，我就想如果我把小鞭炮的火药都倒到这个空管里，然后点火扔进去一定会喷出来大的。我就吭哧吭哧拆了很多小鞭炮，把火药一股脑儿倒到空管里，感觉差不多了就跟小伙伴说："我发明了一种新式的大型彩色焰火，你们放的那都是小的，我把火一扔进去就会喷花，视觉效果会让你们下巴都惊掉的，因为，我的创意，天下无双！（开始各种吹）可是我年龄比你们小，应该你们点。"我喜欢和大孩子玩，他们也不傻，连连摆手说我们不点，要点你自己点。就在我把火柴划燃扔进去的一瞬间，那个雷管"轰"的一声爆了，我整个头发都被冲出来的火花燎白了，前面的头发都竖起来了，你们肯定看过当时特别红的电影《逃学威龙》里张学友的那个扫把头吧，一点也不夸张，一模一样，如果参加《百变大咖秀》，收视率绝对破表。

当时，我爸妈正在厨房包饺子，听到巨响后还纳闷儿，怎么这么响，谁在外面放了个大鞭炮？真好听！可没想到此人就是他们的儿子。而且我点的时候，小伙伴们已经远远地躲开了，只有我被火药"洗礼"了，而且脸上还负了一点小伤。过了一会儿，小伙伴们围上来，一脸惊惧："啊呀，你头发怎么白了？哎呀，你的头好像流血了！”当时第一反应就是：天呐，我不会又闯祸了吧？我刚转过身来的时候，隔壁的一个叔叔出来了，说麦麦你怎么换了一个这样的发型，你的头发怎么是白色的，然后就走了。他可能觉得那时候我就是喜欢和别人不一样，我身上任何事情都是可能发生的。我心想他就这么不管不问走了，是不是也没那么严重，我该怎么办？我得知道自己什么情况啊，直接回家我爸妈看到肯定会给我“竹笋炒肉”鞭打之啊！于是我又怂恿小伙伴陪着我一起去房子后面的湖边，我们去湖面照一照。后来想想，万一那时候再一个不小心跌到湖里岂不又是一桩惨案？而且那时已经傍晚了，黑咕隆咚的什么也看不见，唯独能看见一些轮廓，心想肯定是躲不过去了，还是回去吧。回家后，感觉爸妈脸上现出几条黑线，就各种责备，我就各种委屈装哭，也不是疼哭的，就是觉得自己大过年的闯祸了，然后躺着上药，一声不吭，想让这个气氛默默地赶紧过去，就像什么都没发生一样。

过完春节面临开学，我开始变得有点小郁闷，头发被火药烧焦了，参差不齐跟狗啃过一样，整天就念叨“开学能长齐吗？用戴假发吗？”可见我是多么臭美、多么在乎自己的发型。结果，命运就是这么折磨我，到开学的时候头发还是没有长好。后来就想到办法，用棒球帽衫和鸭舌帽把自己武装起来，谁知正因为这样同学反而会更加注意我，被摘掉帽子的那一刹那就引来了同学们的哈哈大笑，也成为了那阵子同学们新的笑柄。

在成长的过程中，还有很多类似有惊无险的趣事，上天可能觉得我是一个善良的小孩，一个有着使命的小孩，只是生性顽皮，冥冥之中都比较眷顾我、保护我。可是后来跟我父母聊起我小时候种种调皮捣蛋的事件，他们的印象里全是我特别乖、特别听话，从不出去闯祸一类的记忆，我都不知道是不是他们晚上睡觉的时候被外星人洗了脑，也可能是后期我渐渐懂事让他们淡忘了我小时候的顽皮举动吧。现在我渐渐地知道，那也是亲子之爱使然。如果这个世界上真有不念旧恶、不记旧仇的，也许首先是父母对儿女的那种大爱吧！

恒河水与大海都有自洁能力；动物、植物都有一种创伤酸，可以自疗自愈。我觉得人也是有一种自愈能力的，可以消除一些自己不愉快和不愿去回忆的记忆，就算想起来，也会尽量把它美化，就跟现在的美图软件似的，那么强大，这，也算人的一种生存特长吧。

其实每个人都不是为了沉重才来到这个世界的，所以就是真有什么不堪，也没必要老挂在心里。今日以前，便都是历史，而历史是任何人都背不动的。总纠缠在过

去，历史就是一种梦魇，一种负重；把它当成一种经验、教训，历史就是人生的财富。更何况我们总得向前走，而且还要边走边唱。生命、生活、人生本身就是一首唱不完的歌。

当我渐渐地长大

Grow up

grape -nuts Flakes
Post
grape -nuts Flakes
45% Daily Value of Iron
Rubicon PASSION
Rubicon GUAVA

“

曾经我们都以为青春无悔，其实青春悔不悔都不是什么大事儿，它顶多在你成长路上最疼的地方扎一针，然后我们欲哭无泪，我们辗转反侧，我们久病成医，我们百炼成钢，我们，就这么开始定义了自己的青春。

”

走自己的路

无论在哪个年代，学校里总会有很多令学生“闻风丧胆”的狠角色，比如教导处主任、校长大人等。学生们会觉得他们特别凶，尤其是到了初中，有很多禁令和规范，不允许这样、要那样，比如男生不许留长发，女生不许留指甲之类，可是小孩慢慢成长渐渐会有爱美的意识。我就是个活脱脱的例子。

前面我有提到上学第一天就在考虑要个什么发型，可见我很小就知道爱美的重要性了。到了初中，其实也不知道究竟要弄个怎样的造型才算好看，但就是希望自己有事没事都凹一下弄一下，尤其是头发。有一天，我在家里意外地发现了一瓶类似发胶或者发蜡的东西（估计还是爸爸那瓶传说中的高端法拉油），但我爸妈是从来不用这类东西的，我也不知道是谁放到我家里的。无论是早上起床出早操，还是中午在家午睡起来后都要把这个抹在头上，头发就会显得特别光亮、有色泽。到学校后就会有同学问：“你头发好有质感哦，怎么弄的？”我就会摆出牛尔老师那样的专业POSE（姿势），一本正经地说：“这是一个特别新的产品，可以让头发亮色很多，最重要的是，只有我在用。”（然后就是一片掌声）我基本上是带动了学校的时尚风潮，头发稍微长一点的男孩子就会跟着学。（这算教导处的打击对象吗？哈哈）等到大家都在用这个的时候，我可能又转向别的方面了，发掘到新的“产品”，在课间操间隙给大家做展示了，重点是，直到现在我也根本不知道自己在用的到底是什么东西。

再比如，大家还在中规中矩穿校服的时候，我可能会选择牛仔裤，别人开始穿牛仔裤的时候，我就会选择比较瘦的牛仔裤。现在男生穿条裙子走在大街上大家都可能不会觉得怪，但那时候大家就会觉得你很特别、很各色。我记得最早流行穿羽绒服的时候，有一次外出我发现有件男款羽绒服的帽子边缘上有一圈竖着的毛毛，这在当时是比较少见的，可能女生的款式已经有了。当时的我特别喜欢比较高调的皮毛设计，一般衣服少有这种设计，就要求妈妈一定要把它买下来。后来没过多久，这种设计成了羽绒服的基本款设计。后来有订做羽绒服的，我也会特别要求他们一定给我加上带毛边的帽子。

上了初中之后，面临升学压力，每位家长嘴里都在

keep on my way

聊着自己孩子的成绩单，但对我来说卷子上的那个分数根本没有那么的重要。我没有因为老师的某个好评而特别开心过，也没有因为考试成绩不理想而特别沮丧过。学习的时候我会尽自己最大的努力，课后我一定会活跃在各种文艺排练活动中。我在意的是每天有没有做自己喜欢的事，做喜欢的自己。课外活动多了难免要影响学习，但有时又特别好面子，有时老师提问回答不上来就要被罚站，如果刚好赶上下课，同学们要冲出去小卖部买东西什么的话，那一刹那我一定要装作若无其事的样子，感觉无比随性的状态，好像是自己故意站起来的，其实内心是在害怕隔壁班喜欢的女生看到自己罚站而觉得丢脸。

我就是这样在乎着自己想在乎的自己，也渐渐不畏惧别人那些奇怪的眼光和评价。因为我相信每个人来到这个世界上都要走属于自己的那条路。如果一味地跟随和按部就班，就会不自觉地被套上了别人的灵魂，正是这样，我一直 keep on my way（走自己的路）。当然，我不是“下跳棋”——走自己的路，让别人无路可走；也不是像伟大的马克思先生那样，走自己的路，让别人去说；而是走自己的路，让别人无话可说。因为我相信自己不会错。也许正因此，也才让我在读书的时候收获多于失去。

P
停车楼
南门出口
SOUTH EXIT

学音乐的孩子都是升级的天使

初高中应该是学生时期压力最大的时候吧，开始面临着中国式的升学压力，也会想去触摸自己的未来到底是什么模样。生活气氛也渐渐变得不轻松，大家好像每天都有紧张不完的科目和永远做不对的试卷，学校老师和家长们评判一个学生是不是优等生也不再像小学时那么多元，而是把目光锁定成绩单，尤其是数理化，那时候不是有句口号：“学好数理化，走遍天下都不怕”。

那时晚上蒙着被子想，凭我的数理化成绩去考高中肯定没戏，数理化认识我，我不认识它啊！当时的我完全是“一提数理化，啥也不会答”的状态，于是我“义无反顾”地选择去做自己喜欢的事情——做一名音乐特长生。那时候的“特长生”可不像现在有这么高的美誉度，好像印象里都是学习不好的孩子才去学音乐、学美术做特长生，就连家长都会多多少少背负一点这样的压力：你家孩子学音乐的啊？哦，看来文化课一般啊。不过我爸妈特别支持我的梦想，

从一开始到现在始终如一，不仅从来没给我任何的阻碍，反而会经常鼓励我，让我作自己认为对的选择，既然选择了就不要后悔，要争取做出成绩！反正当时的自己也自信满满，坚信人生有很多条路可走，这条不行，那就走另一条 。正如海伦·凯勒所说：当上帝把这一扇门对称关闭的同时，已经把另一扇门对你敞开。但通向这扇大门的路还是要靠你自己来走。现代人特别喜欢“性价比”，都在寻求最好与更好，其实，至少在职业选择上，最适合你就是最好，更适合你就是更好。更何况人的价值判断根本就不在你是做什么的，而在于你怎样去做，能做到什么程度。尽管那时我还想不到这许多，但至少知道音乐适合我，我适合音乐。但适合并不等于轻松，也要日复一日年复一年地努力才行。

那时学习压力都好大，很多孩子开始沉迷网络游戏“解忧愁”，那会儿也正是第一代网络游戏《仙剑奇侠传》、《红色警戒》风行的时候，别的同学在网吧玩游戏的时候，我就早早地在琴房乖乖练琴了，重点是：自愿的。当时我妈妈经常会在家提起，她的同事又在哪家网吧捞自己的孩子，谁家的孩子又在外面打架闹事，对于我爸妈来说好像从来没有过这种担忧。在他们眼里，我好像已经在接下来的每个时期知道自己应该做什么了。其实，事情的真相是我早在小学五年级的时候就已经把《仙剑奇侠传》打全关了，接触电脑游戏比别人早，而《红色警戒》后来发现可以输入密键利用系统漏洞打通关，顿时觉得网络游戏真心好无聊，这不是自己哄自己玩儿吗？还不如用这大把的光阴去做点别的更有意思的事情。

对于那个时候的我来说，练钢琴好像已经算是有意思的事情了。考高中、考大学的时候都要考声乐和钢琴，但我的钢琴学的并不早，比起练过童子功的孩子来说必须要付出更多的努力和练习，才有机会与他们竞争好学校的“入场券”。那时我们班里有很多同学会弹钢琴，而且大都是三四岁就开始学习，只有我是“半路出家”的孩子。我还在弹一个初级的849（钢琴初级曲目）的练习曲的时候，人家已经在弹八九级的曲子了。所以，我想走音乐特长生的路，并不轻松。钢琴需要平时多加练习，声乐就要开点“小灶”了。一到周末，别的孩子可能和父母外出郊游和朋友聚会，而我一大早就得起床，先坐车赶去火车站，然后买好票独自坐上开往济南的火车，去老师家里上一节45分钟的声乐小课。除了学校临时有安排之外，基本都是每周一次，风雨无阻，而且每次为了赶上回来的火车，我都必须卡着点赶公交车、去火车站，也没有时间吃饭，赶回学校后就直接上晚自习了，全程容不得半点耽搁。就这样，坚持了一年又一年。

我慢慢发现，有时不是上天在眷顾你，而是自己在眷顾自己。果然，功夫不负有心人，等到考大学的时候，我的努力也得到了丰厚的回报。当时考钢琴科目的曲子选的是难度很高的贝多芬的《悲怆》，是十级的专业曲子，这首很多考钢琴专业的人都不敢选的曲子，被我在一天一天的反复练习、一日一日的汗水挥洒中拿下。当然，我深知自己的技艺水平无法与练过"童子功"的人相比，但意外的是我的考试分数却比他们的高。也许评委老师通过琴声感受到了我的认真，或者我演奏时的架势会让他们觉得这孩子是用心在接近艺术的。后来，声乐考试也顺利通过，就连加试的舞蹈也接近满分，我意识到，离自己的梦想也越来越近了。

“

做什么职业其实对于我来说都觉得是一样的，

就像是个演员，戏不同，状态也自然有所分别，

但不管什么角色都需要把所有的不快给昨天，

把所有的希望给明天，把所有的努力给今天。

”

认定梦想，我有“半梦主义”

从小开始，我就爱做梦，那么多的梦，就像电影《盗梦空间》里讲的那样，一层一层的，怎么剥都剥不完。现在长大后回看自己小时候，也好像做了一场梦，真实又虚幻，就会想到底是先有小时候的那个自己，还是先有现在的自己再去演绎之前的种种故事，还是，它也只是个梦而已，而这个梦造就了现在的我？

有时候就要大胆去做梦，哪怕这个梦是白日梦，我觉得也不可怕，因为你可以把这个梦做到美国去，做到月球去，做到任何你想去的地方。但梦终究是梦，一定要有醒过来的时候，半梦半醒之间，我叫这种状态为“半梦主义”。用梦想来暗示自己，用脚踏实地来向梦想靠近，每天都更近一点。

在学生时代，我身边的很多人，包括老师、同学和一些亲朋好友，对我的印象都是“他将来不是做音乐的，就是去当设计师之类的，总之是搞艺术的”、

“麦麦？将来应该就是个大明星吧”等。我在他们眼里好像早就被归类为“非正常人类”，不可能跟他们走一样的路，也不可能对这个现实世界俯首妥协。

事实上，当时的自己，根本没机会想那么多。说到我的梦想，其实一直在变化，就说考大学选专业这个事吧，考专业的时候我的梦想就是要成为一名歌唱家，在专业考试接近尾声的时候，我又觉得我将来应该当一名主持人。后来在高考填志愿的时候，我又怀揣梦想再次出现在选择岔口。是留在山东读大学，还是去北京读大学？是选择播音主持专业，还是选古典音乐类的专业？其实我的“半梦主义”已经给了我明确的答案：留在山东，学一个古典音乐类专业。这样也就与中国传媒大学的播音主持专业擦肩而过，这离我到北京发展时隔四年。一个大学季的时间，给了我更多积淀的机会和成长的时间。也许那时候的我就已经认定自己将来一定会去北京或是上海发展，所以想着大学四年还是留在山东离父母近一点，也留出时间让自己更加丰富一些。至于选择学音乐，是因为我将来一定要做个好的主持人，而在我心里好主持人的标准不能只是会念稿子、会讲普通话而已，一定要有一技之长。如果要做个音乐主持人，一定要在音乐方面有扎实深厚的修养，所以冥冥之中会给自己心理暗示，最后决定在山东学习古典音乐。

要知道当人们面临一些重要的选择时，尤其是未知的选择，自己也不知道自己的那些道理是不是正确，也不知道自己的哪一步会出现偏差，只是，想到了，就去做了。其实，一直是自己的内心在给自己的行动作最真切的指引，在告诉自己未来的路要怎么走，有没有可能这么走，哪怕是想得有点不切实际。但为什么不去想呢？

不想就没有可能，

有时候，

梦，

就是这样做出来的。

《最后一个夏天》

The Last Summer

“象牙塔”的模样

好像每每到了夏季，一切总会变得那么的明朗和美好。大学的开始就是在夏天，光线出奇得透亮，每个人都带着梦一步一个脚印地踏进来，无论方向和目标在哪里，都下定了决心要把这个梦实现。

大学刚开学，正要思考大学四年生活要怎么过的时候，就遭遇了“毁人”的军训，头发要剃短，在酷日下走正步、站军姿，被广东“n”、“l”不分的Q版教官折磨一个多月，每个新生都晒得灰溜溜的，站在烈日下的操场上，像极了地球表面这个大铁锅上的耗子，被蹂躏得惨不忍睹。那时还会想这就是大学四年要呈现的新一代大学生模样吗？不会吧！就当每个人都好像“美黑”过一样时，只有我们大学的辅导员始终保持着白白净净的帅哥形象。

提到我大学的这位辅导员，不得不说他对我大学生活的影响。大学期间严肃刻板的发布会主持人是我，西装革履的迎新晚会主持人是我，文艺高雅的音乐会主持人是我，耍宝搞笑的同学联谊会主持人是我是我还是我，这些全都得益于他在迎新晚会上的“点将”，而且还为我带来了一位“岛花”（女孩是青岛人）级的女搭档。

其实迎新晚会前夕，大家都已经被军训折磨得灰头土脸的，也没有什么登台表现的机会，就算有，估计也都不愿意以这副面孔示人。当时辅导员点我做迎新晚会主持人时，我特别惊讶，为什么是我？毕竟大家都是考音乐专业进来的嘛，谁还没有个才艺啊，怎么就能百里挑一把我挑出来呢？后来得知是因为入学时新生资料表上面有高中校长对我的评语记录，特长那栏写的是我有极高的主持天分之类的，还好特长这栏校长没写我“手长脚长”（又没正经了），当然他也没写音乐，毕竟都考到省里最好的音乐学院来了再填这个也不叫特长吧。看吧，虽说路都是自己选的，但好像在行进的途中，任何他人对你的一些小小肯定，都可以为你未来的梦想铺路。我举两个例子。大家熟知的戴高乐将军在少年时代玩游戏就大言不惭地说“法国是我的”，但他的个性却令他后来的上司不喜欢他、压制他。如果没有贝当元帅断言他是年轻一代的希望；没有马泰将军认为他会成为法国未来军队的大元帅；没有法国军事学院院长在他的

毕业鉴定中写上了“流亡国王”的评语，也就没有后来的总统戴高乐。还有中国人民的老朋友基辛格先生，如果没有那位比他大十几岁的第一位恩师克雷默尔在他刚刚二十几岁时就评价他“是个天生的奇才”，“绝非等闲之辈”，也许就没有这位“美国最杰出的国务卿”基辛格。现实生活中有许多人都爱怨天尤人，而最关键的还是在自己得有让人肯定的优长之处。

主持完军训期间的晚会和联谊活动，大家逐渐对我熟悉起来，知道在音乐学院有个嘴皮子麻利、脑瓜子灵活的麦同学，而我和那位“岛花女搭档”的默契也从此慢慢建立起来。前不久，我们还在微信中感叹光阴似箭，回想大学时候的青涩主持，回味毕业晚会上完美的收尾合作，虽说都已经离开“象牙塔”，可我们都还在继续追逐着自己的梦想。如今，她已经和她青梅竹马的爱人完婚，小两口过着幸福甜蜜的小日子。不过，“岛花”还要继续努力哦，祝他们幸福。

“

没有一个人的青春是完美的，甚至有的人的青春是十不全十不美的，可那又怎样，留过声响，挥霍色彩，就最青春！

”

DJ 万万岁

对于大学读古典音乐专业的我来说，其他系的同学最大的区别就是，唱唱歌就算是学习，跳跳舞可能算是在社会实践。对于那个时候音乐系的学生来讲，将来目标是要当歌唱家之类的才算是好学生该有的想法，所以学院经常安排我们去参加各种比赛或演出交流，很多跟现在的选秀差不多。大一下学期的时候，省里举办了一个形象大使的选秀比赛，我们音乐学院为了配合活动就推荐了一批专业课突出的学生去参加，除了要现场录影以外，还有很多电视台、电台的领导来做评委。那时候的我毕竟还是个大一新生，感觉做什么都是新鲜美好的，就觉得说这么重要的一个比赛我一定要好好准备，争取拿个大奖回来。于是，就使出浑身解数去排练准备，从歌曲选择到服饰发型、从开场白到自我介绍等，全方位 360 度无死角地下了一番功夫，特别认真，每一个细节都精雕细琢的。

没想到，我竟意外地拿到了一等奖。令我欣喜的是，除了拿奖获得肯定之外，还被山东音乐电台的领导看中，觉得这个小孩蛮有活力的，专业和表达能力都“很敢”。后来，就让电台主持人记下我电话，安排我去他们的一档节目里做嘉宾，和听众聊聊天互动一下，反响还不错，其他台的节目也纷纷开始邀约我。我每次上节目都是又唱又跳的，记得有一次让我客串外景主持人，是类似有奖猜猜猜的节目，我拿着节目组的贴纸贴在公园的树上，在节目里提供一点一点的线索，附近听节目的人找到就可以获得奖品。为了跟别的主持人不一样，我用各种各样的方式来表达，一会儿说数来宝一会儿唱流行歌，总之自己都觉得主持得好丰富。下了节目后，电台接待室接到很多询问电话，问这个学生是谁家的孩子，在哪读书，有没有女朋友啥的，这让电台的领导们特别诧异。后来得知那是办台十多年来第二次有那么多的听众打来电话询问，第一次是栏目刚开播时送全套家电的互动活动。

一个星期后，电台工作人员打来电话，问我有没有可能在台里做一档节目。我当时想都没想就直接回绝掉了，“应该没有可能”，电话那头的人听了一下愣住了。那时我刚上大一，上午要上文化课，下午要练琴，实在没有时间。当时的课程安排每周有一节专业小课，老师会给你布置声乐、钢琴作业，之后一周的时间就要去琴房练习，不然再上课的时候老师验收不合格就会被记录

在案，这将直接关系到能否顺利毕业。声乐还好，起码我能在被窝里、澡堂里、餐厅里随时随地去练习，而难度系数直逼埃菲尔铁塔高度的钢琴作业只能老老实实去琴房反复练习才有成效。就这样，为了不让他们觉得我摆谱，解释了一大堆的无可奈何，挂了电话，自己都觉得自己挺神的，那时身边很多同学已经开始找兼职、赚外快了，而我这么痛快就拒绝了一个绝佳的机会，不过这丝毫没有阻断我和电台接下来的缘分。

又过了几天，接到了山东音乐电台副总监的电话，要我去他办公室聊聊。当时以为还是问我周末是否愿意当嘉宾的事情，谁知道一去他就跟我讲愿不愿意主持一档周末的音乐节目。这次我没能“经受得住诱惑”，答应主持一档周末节目，第二周又改为主持每天晚上的日播节目，想想反正也不耽误白天的课程和练习，就先做着吧，而且主持音乐节目对我来说也得心应手。谁知道一发不可收拾，节目越来越多，到最后我已经同时在做五档节目了，忙到台里不得不给我安排一张大大的办公桌，大大小小的活动也都安排我去主持，就连台里的联欢会都要我作为代表表演节目。就这样，大学四年除了在学校正常学习，几乎和普通在职主持人一样，甚至比他们还忙。想想当时那几位台里的领导也蛮有魄力的，敢让一个在校学生担纲一档日播节目，还给予我充分的信任，他们都可以算是我当初走上音乐 DJ 道路的伯乐。

大家也许都会觉得我很幸运，我也自认我很幸运，在我还我未出茅庐时，便有了那么多的信任，但正为了“信任”这两个字，我要更努力。我要说的是：人这一生千万别等这幸运的降临。人生就和旅行一样，想走多远，就得准备好多少吃的、用的和工具，否则就注定走不远。道理就是这么简单，如果我没有十几年的专业基础与“不要脸”精神，幸运女神是肯定不会眷顾我的。在这里，我没有一丝自我炫耀的意思，而是想告诉正在读这本书的朋友们，千万别傻等着命运女神会有一天突然来到自己身边，因为她是一个没有任何怜悯之心与同情感的冷血选择者。

“

青春是挽不回的下档电影，转眼就消失在荧幕，用力地回味，再用力地后悔。爱过就足矣，听过就足够。

”

麦同学 ×2：一半海水一半火焰

记得刚上大学那会儿，我就有一辆自己的迷你折叠自行车。我主持的节目是晚上 7 点到 9 点的时段，每天下课后就骑着我的小车直奔电台，简单吃点东西后就去上直播，到 9 点下了节目再逐着星光回宿舍。同宿舍的同学好长一段时间都不知道我每天都在干什么，只知道我每天这个时间段都会出去，看不到人影。

节目做到半年的时候，渐渐发现济南的公交车、出租车上会放我的广播节目，宿舍楼下的小卖部每天也在放，连学校大门对面的“五元店”也在用大喇叭播放，很多人开始知道在电台里有一个特别活泼有趣的音乐 DJ 叫“麦同学”，那就是我。

说到“麦同学”这个名字，还真是有自己的一番考虑，跟当时的我特别匹配，因为我本身是学音乐的，而且在做主持的工作，无论唱歌还是主持，好像都离不开麦克风，同时我又和别的主持人风格不太一样，本身还是个货真价实的在校大学生，觉得叫"麦同学"会让人感觉比较亲切。当时主持的节目叫《音乐超转速》，我觉得作为这个节目的主持人语速一定要快，而且吐字也要清晰，慢慢的，就练就了我说话语速超快的技能。后来想想，那只是档节目的名字而已啊，没有人要求说话那么快的，或许正是自己这样无厘头的想法，才慢慢发明了自己独特的主持风格。

我大学时的专业课老师是学校里特别知名的一位教授，她收学生有很多硬性要求，甚至对身高和体重都很挑剔，每年也只收屈指可数的几名学生，这让我在同学之中很有优越感，再加上我经常主持学校的各种活动，在别人看来也是出尽了风头，所以我就不希望自己再在学生中显得那么特别，做什么事情都尽量保持低调。我在电台做节目的前半年几乎是完全保密的，除了我们班一个特别多愁善感、爱听广播的女生发现了之外，好像没有人知道这个秘密，为了封她的口，我还需要隔三岔五地满足她的点歌要求，她也会用帮我记笔记等条件堂而"换"之。起初，宿舍同学问起我晚上都干吗去了，我都是用去亲戚那里或者去和朋友出去玩之类的借口搪塞他们，或者干脆岔开话题，跟他们聊些别的。

直到有一天，我去上直播了，我宿舍的同学们正好把声音拧到特别大在听我的节目，都觉得收音机里那个"麦同学"声音和我很像。等我回来后他们就问我："你晚上到底出去干什么了？"我轻描淡写地说我去录了一

个节目，然后他们就问是那个《音乐超转速》吗？得到我肯定的回答后，他们都瞪大眼睛特别惊讶地看着我说："我们都听了你三个多月的节目了，原来真的是你啊！"就这样，大家一传十，十传百，搞到全校皆知，连代课老师都知道他下课回家路上听到收音机里的那个"麦同学"就是白天他教的学生。到了大二下学期，我晚上下节目回来就已经有学弟学妹在校门口等着找我合影签名了。不多久，一年一度的形象大使选秀比赛又开始了，学校老师依旧推荐我去参加再夺一个奖项，紧接着我接到电台领导的电话，说比赛的主办方要谈合作，需要台里比较有人气的 DJ 过去当评委，推荐"麦同学"出席。我当时举着电话瞬间石化，在想：难道要把自己劈成两半吗？最后还是选择去当了评委，当时很多参加比赛的选手就是我的同班同学。我那个时候才开始意识到，自己确实好像和他们慢慢的有点不一样了，但我并不会把它当成一种疏远彼此的距离，只是觉得这是证明自己成长的一种心态转变。

就这样，学校里的"麦同学"和电台里的"麦同学"像连体婴儿一样开始共存在我的身体里，两种角色和两种心态，两种表现和两种收获，都是促进我比别人更快成长与成熟的催化剂。一半海水一半火焰，有着不同的体验和感官。在大学里与工作中，自己的心里也会有各种各样的情感交织，有时欣喜、有时感伤，只是我比同在大学里的同学们洒脱很多，又比工作环境里的同事们单纯些许，也慢慢地发现，好像自己不再纠结这两者的关系和角色的转换，每天早操点名的时候对这个“麦同学”说早安，每天晚上直播结束的时候对那个“麦同学”说晚安，是我大学里拥有过的最最不一样的体验。

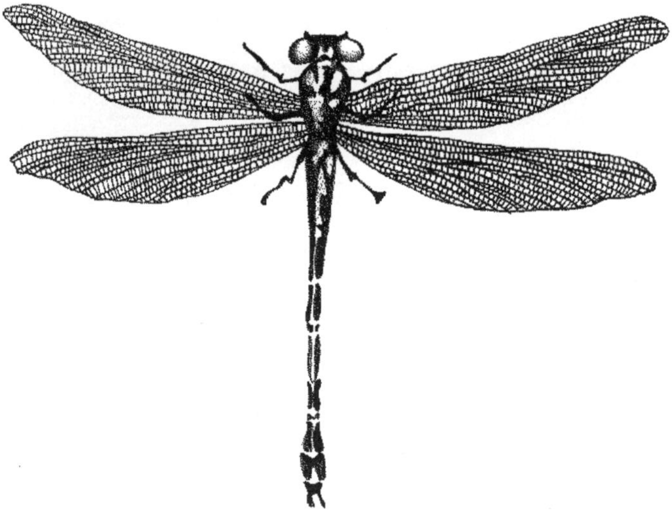

一辈子只会来一次的《最夏》

很多人谈及大学这个字眼都会用各种美好纯真的形容词去歌颂它、赞美它，这么美好、那么美好，好像刚刚讲了我在大学里的故事，你也会在想，对于大学就开始忙工作、大学就开始走入职场的我来说，真的也体会过那种学生时代的美好吗？其实，还别说，如果真的给我一次机会让我重走大学时光，我一定要选择另外的人生，不是说我不喜欢我已经走过的与众不同的励志版大学生活，而是我更加羡慕那些真正享受过大学校园每分每秒的同学们。我知道那样的每分每秒都弥足珍贵，让人难忘。如果非要调出我脑海里对大学时光最美好的记忆，我觉得应该是那个快要毕业时“最后的夏天”。

跟别人相反，别人一毕业就急着找工作或是让家里给介绍工作，赶紧投入到社会大家庭的怀抱中，明知道要开始遭受老板的蹂躏、同事的折磨，还是满心期待地要赶紧穿上西服、扎上领带，开始真正大人的生活。而对于已经工作了三年半的我，毕业立刻选择失业，反而是我在那一刻最开心的动作。可能从小就比较喜欢跟着感觉走，我的内心从一开始就告诉自己毕业后应该不会留在这个城市。虽然这个城市的很多角落有我很多美好的学生回忆和成长足迹，可我选择离开，与其说是离开，更像是开始，就像季节更替，尽管当时的我并不知道我究竟可以去哪里，可以去做什么。

其实，早在大四同学们刚开始找实习的时候，台里领导就找我谈过话，问我课业忙不忙，什么时候毕业，希望我毕业就留在台里，我当时又是毫不思索地说我毕业后应该就会离开了。我也不知道当时为什么在领导面前把话说得那么决绝，就是简单地认定毕业就会走了。记得当时我还特别负责地一脸正气的跟领导说："领导，在我毕业之前，只要我人在济南，我一定把这节目做好。"但是领导听完我一本正经的表态后好像并没有多开心，而是跟我说："你啊你，就是嘴硬！你等着吧，我告诉你，你现在还小，你不知道职场的，职场啊是薪资留人、感情留人，你到毕业的时候我一个月给你五千元工资，五险一金给你上着，福利待遇也给你最好的，我看你还走不走？放心吧，毕业之后，就立刻入职吧。"我也忘了最后我们是怎样结束这段对话，只是觉得自己的天地好像还可以更大一些，反正还没毕业，谁知道呢！

时间就是最爱开玩笑的刽子手，说着说着，毕业那天真的来了。看着同学们一个个忙着收拾行装，把自己或充实或无聊的四年梦想打包收好，有的被邮回老家，有的被父母接走，有的还依旧不知去向何方。我们大家一起在不知走了多少遍的毛主席雕塑广场拍下漂亮的毕业照，定格尽可能多的学生时的模样，停顿尽可能久的终将休止的四分音符，然后把学士帽齐刷刷地扔向天空那一霎，好像时间突然又被叫停了，一切都开始变成慢镜头，每个动作、每个笑脸以及每个人心里想着的那个他，好像在长镜头里又走了个来回，猛地被扯回现实，突然感觉好像这大学四年都在等这一刻的出现，等到这一刹那告诉大家：好了，GAME OVER，游戏结束了。就像小时候做梦，梦结束了你要先醒一醒、回回神，再去做真正要做的事。

回到家中的某个午后，记得那天天空的明亮程度满分，开始想到毕业时的片段以及大学里的种种，平日里没有特别注意的细节也一下被放大了好多倍，清晰而明朗地洇开来。和老师、同学的搞笑对话、旷了一节无聊的乐理课、在节目里收到听众温暖的短信、在离别时送给他的那张帅气的卡片等，都一一浮现在眼前，直到模糊双眼。于是就在这个明媚惬意的午后，我写下了对大学最美的纪念——《最后一个夏天》（简称《最夏》）。

THE LAST SUMMER DAY
最后的夏天

你深藏我脑海最里面 / 有多久的时间没改变

我走时写给你的那张卡片 / 是否会偶尔的翻阅

你还习惯走在我的右手边 / 寻找离别感觉

你微笑的侧脸 / 单纯的直接

我们的约定来年要一起实现

最后一个夏天 / 我们说了再见

再见不见那些誓言

栀子花的笑靥遮住了光线

我们回不去昨天

却在等最后一个夏天

我还习惯靠在你的左手边 / 寻找熟悉瞬间

那模糊的笑脸 / 慢慢的浮现

你们的约定那年有没有实现

最后一个夏天 / 我们说了再见

再见不见那些誓言

栀子花的笑靥遮住了光线

我们回不去昨天

却在等 最后一个夏天

////////// ///// //

//

每个人记录生活的方式不同，有的人会去拍照片、去旅行、写微博或者发朋友圈，但对我来说，音乐是最擅长的方式，也是最深层的细腻表达。这首单曲《最夏》写于2008年，可是直到四年后才被我翻出来在节目里与听众分享。没想到这首歌在没有任何宣传的情况下，在2012年的那个夏天反复被听众要求播放，播到自己连做梦都在唱，各大活动也纷纷因为《最夏》邀约我演出，后来还登上了某音乐网站的TOP10榜单，可能喜欢它的朋友们心里都有一个同样难忘的夏天吧。四年后，自己再站在旁观者的角度来听那个夏天的故事，依旧会被它的单纯、美好所感动，只是，每个人心中的那个夏天，应该一辈子只会来一次。

很多东西都在变，股票跌涨、隔壁邻居又搬家了、这个月水电费和上个月差好多、今天听众留言比昨天少一成……可不变的，永远是曾经被定格的画面和好看的侧脸。你是否也曾微笑和他挥手告别说下次再见，可再见是不是就等于再也不见？还是说我们彼此都误会了当时栀子花树下那温柔的光线，是在见证彼此的某种情谊。我们一定要不顾一切的努力长大，变成自己曾经最最讨厌的样子才算完美吗？这，就是青春吧。

最后一个夏天

“

如果人生如一场漫长的告别，那么青春就应该是一场漫长但不落俗套的告白。

”

A面B面

对了，前面有提到毕业时候很多人把自己或充实或无聊的四年梦想打包收好，有的被邮回老家，有的被父母接走……我的，就被我爸妈接走了。

记得毕业那天真的热得出奇，本来济南就是全国“四大火炉城市”之一，偏偏要离开时，还继续让我感受它多得溢出的“热情”，因此我不鼓励爸妈来接我，可他俩兴高采烈地在电话里说：“儿子，你别收拾东西了，我们去了帮你收拾啊！都留着给我们收拾啊！”我一听，这是有多盼着我毕业啊！这怎么行，他俩在宿舍帮我打包行李要是热晕了还得送他们去医院，于是我就可劲儿地收拾啊，包括衣服架、水杯、香皂盒、没吃完的方便面啊什么的，总之把能带走的一切东西都打包了。爸妈和我汇合后，全家人还在校门口拍照留念，准备开车离开的时候，我突然一怔：等等！我带着爸妈辗转去了学校附近的两所银行，取出大学期间上直播和做活动赚的钱，除了学费和生活费外，应该没花掉多少，取钱的时候没告诉他们，只是说把银行账户销掉。回到家，妈妈帮我整理行李的时候，我把钱放到她手里，说这是我孝敬他们的礼物，妈妈顿时感动得大哭，爸爸也觉得这孩子懂事了，因为自从大二开始，我就没用过家里的钱，每每父母周遭很多家长去银行给他们孩子打学费、打生活费怎么打都不够，而我爸妈给我打钱时却总是遭到我的拒绝。我爸妈就很费解，他们应该也怀疑过：我是不是真的在读大学？

我觉得这就是大学的两种模式，就像是原先听的老式卡带，不是 A 面就是 B 面。A 是无忧无虑的学生模式，B 是没事也要找事做、不忙也要装忙的模式。不管你真忙还是假忙都要很忙地动起来才可以，其实我好想给自己设定模式 A，但不知道为什么从一开始就在各种忙了，并且几乎没有停歇过。而且令我父母意外的是，我在大学里不仅自己负担了后三年的学费，毕业后竟然还有一笔数目不小的五位数存款。他们特别惊讶，家里要给我钱花不要，早早就拥有了固定收入也不去吃喝玩乐享受人生，这个小孩脑子里到底在想什么？

不过我读大学的时候也挺“表里不一”的，明明在逼自己做一些让自己忙碌起来、苦兮兮的 B 面的事，内心却经常在羡慕选 A 面同学们的自由自在：如果像其他同学那样不那么辛苦该多好。可是，第二天睡醒睁开双眼还是要该干吗干吗。这里有一个动力喇叭在内心告诉自己，将来的路是要自己走，那么现在就要时刻做好启程的准备，至少要为现在的自己负责，一定要有一个短期或长期的规划，不能停留在大家干啥你就去干啥的状态，那样太盲目，太容易变成路人，天哪！那个时候的我就不甘心做路人？哈哈，或许只是不想平庸得容易被别人忘记吧。

选 A 还是 B？其实真的都可以，但是首先你一定要勇敢地做出选择，而不是说什么都不选，随遇而安，如果真是那样，大学四年就彻彻底底地白念了。而且做出选择后，要学会坦然面对可能的结果。选 A 的话，你要知道可能毕业后你要在社会上苦逼一阵子，要付出很多很多，才能赎回你浪费掉的那些时光。当然，青春本来就是可以用来浪费的。至于选 B 的话，就不用多说了，用唱的："跑的比别人快飞的比别人高，将来大家看的都是我画的漫画，大家唱的都是我播的歌……"好了，乖，听麦麦的话。

“

近几年在直播的间隙时间里我去了好多地方，或许走那么远，不只是为了看看没见过的风景，吃一吃没品过的味道，而是为了用些时间达到某个节点的尽头会一会真实的自己。因为只有在那样遥远的地方，你才能把平日的按部就班抛在身后，发现未知的自己，得到更强大的能量。

”

山师东路走九遍

有选择就会有遗憾，前面我不是说过吗，如果真的再给我一次机会让我重走大学时光，我一定要选择另外一种人生。去谈一场"山无棱、天地合"的轰轰烈烈的恋爱（大学时看到校园里这样的情侣内心妒火中烧，还诅咒他们是失散多年的亲兄妹呢）；跟喜欢的朋友夜夜K歌K出黑眼圈；然后山师东路手拉手再走它九遍，吃光"好特"（山师东路一家非常有名的川菜小馆，不过后来好像拆掉了）里所有的水煮肉片，12元一盆，来它十盆！点自己的菜让别人无菜可点！嗨，也就现在在这里过过嘴瘾，以上发神经的文字请自动忽略或拿小刻刀自行刮掉。

我觉得其实在大学里学的真心只有一项技能而已，那就是学会怎样与人相处，这点非常重要，也决定了你毕业之后走向社会时在别人眼中是个什么样的人。在大学里读的专业并不代表将来你一定要从事这个行业。放心，没人拿刀架在你脖子上面，除非你是“久久鸭脖子”（冷笑话不好笑），所以即便你不喜欢你所学的专业也不要紧，好在中国每一所大学氛围其实都差不多，至少比苦逼的初、高中自由一万倍，你可以充分拓展自己的兴趣点，多一点兴趣，再多一点吧。就比如我，大学学的是古典音乐专业，现在却成了一名流行音乐节目主持人；大学里每天弹的是肖邦的钢琴曲子，现在写的歌却是活力小清新范儿。但有一点毋庸置疑，我在大学一直锻炼的主持技能和学习的古典音乐课程的确为我日后的工作提供了很多借鉴和能量，这样深层次、有底蕴的积累也算是我优于别人的一笔独特的宝贵财富。现在节目里一些天马行空的创意，也会有很多大学期间脑海里浮现过的幻想的影子。

说到幻想，我大学时的声乐课老师对我的评价讲出来你们也不会相信，他说我是一个“介于幻想与忧郁之间的男孩”（笑）。自己现在回想起来都会笑，我也不知道那位老师究竟是从哪个角度发现的我特质的这一面。那个时候老师给我布置的声乐作业也大多是舒曼、舒伯特等人的抒情曲目，当然，我非常喜欢，或许正是那个时候老师在不经意间开发了我性格里忧郁的一面并在音乐中得到释放，才有了今天乐天达观、活力荡漾的麦小宝诞生吧？OMG！老师，我谢谢你啊！

边走边唱

Young voice

“

做音乐节目给你听的好处就是：在最美好的夏天可以感受最灿烂的阳光，在有点微冷的冬日时光可以相互取暖。

”

电台里开始唱歌的男子

感觉就像在毕业过后一转身的工夫，我制作主持的《边走边唱》节目不知不觉已经开播四年了。2009 年 1 月 1 日，酝酿许久的中国第一档广播随身 KTV 节目《边走边唱》在北京音乐广播电台 10 点档正式开播，也使得原来收听率并不乐观的上午 10 ~ 12 点的时间段变成了广播节目收听的黄金时段之一，这是我目前人生中最为骄傲的事情之一。

后来，我凭借这档节目取得了广大听众和专家的肯定，这要感谢一路来给我帮助的贵人及伯乐们，其中对我影响最大的伯乐是广播界的一位前辈，他就是曾获得过中国播音主持作品一等奖、中国广播电视“金话筒奖”金奖、“全国广播十佳节目主持人”称号，在业界很有声望的苏京平老师。

2008 年，北京人民广播电台开始筹备节目全面改版，尤其是北京音乐台，

要打破以往的点状节目形态，要寻找能够扛下大时段节目且制播能力兼备的复合型主持人。后来从领导那里得知，当时他们知道山东有个蛮活泼的新主持人叫麦麦，节目做得还不错，也知道我那时候好像突然间不在电台做了，没了音信。但他们没想到其实我是毕业后选择回家做宅男去了，而特别巧合的是苏老师是我爸爸的老师，也知道我的情况，就打电话和我爸说北京音乐台在改版，推荐了麦麦，需要寄一张节目小样过来。我一听，北京音乐台？这不就是我从小听到大的电台吗？记得初中的时候，我就常和本书的平面设计师、我的发小 **FaFa** 小姐一起听北京音乐台的节目。她在美术班，我在隔壁的音乐班，每每下了晚自习我俩都会出来“透气儿”，俩人一人一个耳塞听北京音乐台的节目。那个时候羽·泉刚刚获得了内地新人组合奖，而周杰伦这个名字也只是校园里我们小众音乐发烧友们才会聊起（可见有多久远），就这样，带着兴奋与回忆，我打消了毕业之后故意失业做宅男的念头，认真准备了一张节目小样寄了过去。没过几天，他们就打电话过来问我能不能去北京跟电台领导面谈一下。我心里想，成了。

到了北京，跟领导见面后，心又一下子绷紧了。领导肯定我的同时，给我扔下这样一句话：“我们都

很喜欢你节目里的感觉，不过现在一切都是零和未知，现在有两个小时的时段给你去策划，你想想放什么内容，你就放手去做，如果做不好你还是该干吗就干吗去，不过这是个机会。”我心里想，这哪是什么机会啊，这就是次赌博啊！因为当时要全面改版，每个时段的节目都是面向全国公开竞标的，台里给我安排的这两个小时，指不定有多少个DJ、多少个节目制作公司在跟我竞争。人外有人、山外有山的，能做到NO.1吗？我知道越想压力就越大，所以当时的回答很干脆：没问题！

从十月份发出标书一直到节目正式开播，我每天都在琢磨我究竟要做一档什么样的节目。对于我来说，这个节目首先一定要——与众不同！广播节目一般会有一些基本的要素要遵循，比如节目定位，晚间的节目一定要适合夜里收听，下午的节目一定不能太激昂等。我抛开一切杂念开始认真地思考，比如我上午10点在干什么，都会遇到什么状况？大家又会想要听到些什么？10点左右，都市白领们都已经抵达单位开始忙碌，能在路上开着车、哼着歌的应该是有些消费能力的人，而这些人对音乐的品质也会格外挑剔，也许还会对主持人的风格作一番评价，只放新歌一定会缺少很多互动和共鸣，全放老歌他们又会觉得这个主持人是有多老土。好吧，既然这样，我就不管什么安全战略只抓主要族群了，干脆直接跳出广播节目固有的思维：我的节目要做给上到99岁的老人下到刚会走的孩子听！大家都懂一个道理，让一个人满意不难，让十个人满意才最具挑战性，我想抓住大家最开心的瞬间，首先就想到我自己，我又爱唱又爱跳，最开心的就是和朋友去KTV唱歌，我每次去唱，无论是唱抒情歌还是动感的歌，都是开开心心去，开开心心回。而且我什么歌都会唱，这也算一项才艺，跟朋友唱很痛快，跟爸妈唱很温暖，甚至跟爷爷奶奶唱，来一首《驼铃》、《送战友》也能直接HOLD住全场！BINGO！我就要做这样的节目！

就是这样的灵感，我决定做一档空中KTV的节目，把 KTV 随身携带，于是就有了这档每天 10～12 点时段的节目《边走边唱》。路上开车的你把车窗摇起来，走路时候的你把耳机塞进耳朵，KTV 的包间就出现了，而我就做你的独家 K 歌好友，每每播放好听的歌曲，我就情不自禁随性地跟着一起唱。越唱越 HIGH，最后直接给大家提示歌词带着大家一起唱，所以我就变成了专家口中第一个吃螃蟹的人。歌放到一半，我就跟着唱，有的时候唱的声音比放的声音还要大。刚开始很多初次听节目的听众都很诧异，以为这主持人主持节目放音乐的时候忘记关话筒了，怎么就自己在节目里唱起来了，还有人以为这主持人是喝了来的吧？后来才知道，这就是传说中的《边走边唱》。其实，不讲今天的故事，他们可能并不知道我在直播时带大家一起唱背后隐藏的良苦用心。

说到背后的故事，我给大家讲讲开播第一期时发生的糗事。虽说主持《边走边唱》之前就已经有好几年的直播经验了，可是突然换了环境换了直播间，很多设备及直播软件都不是一个系统的，就像用惯了 WINDOWS 突然换了苹果系统，难免还是有些手足无措，加上这是直播。记得第一天直播《边走边唱》，我早早地就到了直播间“待命”，上一个 DJ 结束了直播后我就在歌曲库里排我当天两个小时里要播的歌曲，谁知道排着排着就忘了时间，机器报时结束后就停止了，也就意味着节目正式开始了。我以为节目正式开始之前会有各种广告先切进来，发现完全没有，顿了一下我就直接推了垫乐，来不及播节目的大片头，没办法，已经开始了，已经开始了！于是，就把脑子里准备的词一股脑儿全兜出来，“Hi，大家好，欢迎收听2009年我们全新改版的第一期节目，我们的《边走边唱》非常不一样哦。我是DJ麦同学，大家的新朋友，希望大家以后在这个时间一定要锁定节目，我们大家一起开启今天的欢唱之旅吧。”然后，在明明很紧张，但却表现得超级轻松加愉快、自己营造的欢愉气氛中开始了直播，一开始播的是蔡依林的《说爱你》。这首是舞曲REMIX（混音）版本，一开始就是迷迷幻幻的前奏，而且非常冗长，感觉那个时候不打开话筒说话空气中留存的就只剩尴尬和冷场，时间每分每秒都过得非常慢！要知道，DJ最怕的就是冷场！我立刻深吸一口气，故作镇定地和大家聊一些好玩的话题，用短信互动之类的来救场。两个小时做下来，心想完蛋了，第一期节目竟然就没有播片头，准备的很多东西也没有完美地展现出来，心里对自己的表现特别不满意。于是，就默默乘电梯上了19层音乐台的办公区，一开电梯门发现领导和监制站在门口，对我说：“今天节目表现得非常好，状态和感觉以及音乐选择都非常非常完美！好像……就是……你的节目有片头吗？”那个时候我的表情应该很像很久没吃肉了突然咬到一只死耗子吧，喜乐参半。

我觉得命运有的时候会给你很多的机会和选择，当你勇敢地去做出一些选择的时候，你感觉是在冒风险的时候，其实冥冥之中总会有些东西在努力填补你拿出勇气的这个举动。

鲜辣
麦客疯

THOMY
Post
100% NATURAL
grape
·nuts
Flakes
45% Daily Value of Iron
good for your heart
3g fiber
COLLECTIO

第一个吃螃蟹的“音乐厨男”

从刚开始做这档节目起，我就在着力打造节目独具的一些标识，比如，第一期直播被漏掉的片头（苦笑）。其实，在节目首播前我就准备好了《边走边唱》的片头和主题曲，而且当很多电台只有四五个版本主题曲的时候，我的这档节目就已经有八个版本的节目主题曲，最重要的是——都是我自己的原创。

就像我之前说的，不要以为你大学学什么专业以后就一定要做那个，当然，也不要以为你大学学的东西以后完全用不上，有时正是这些知识会变成你强于别人的独具优势。所以，大学时代的所有课程还是要尽量去学好。你觉得有用的要学，觉得没用的也要学。对于大学生而言，哪门课程有用没用要从两方面来看。就像是一棵树上长着许多不开花的“营养枝”，它虽然不开花，可是没有它持续供给营养，花朵就没办法美丽地绽放。我从小学习古典音乐，私下又在写流行音乐，词曲唱都一手包办，最近甚至开始玩编曲，一直喜欢的东西渐渐的变成了我的优势。

说到《边走边唱》的主题曲，我当时也是下了一番功夫去创作，我要突出什么呢？活力？太笼统。能不能用耳朵去看到世界？可是广播节目毕竟没法呈现视觉的创意。于是我又开始在歌词上面反复琢磨，“活力”加上“荡漾”，我把这两个词组在一起，好像创出了一个新词汇，把我想要表达的画面感描绘得活灵活现，就好像你开着车边走边跟着音乐韵律晃动身体的感觉。OK！就是它了，边走边唱，活力荡漾！

“载着阳光，活力荡漾，music是我的能量，我们边走边唱”就被我写进了主题曲，用来贴切地诠释我们这个节目的状态和宗旨。有了基本版本，后来我又做了摇滚版、抒情版、钢琴版、未来版等。这么多版本的节目主题JINGLE作用不小，它可以按照我的意愿把两个小时节目里的歌曲神不知鬼不觉地编排成一大首歌，让任何时间打开收音机的人听到后都想继续听下去，谁都不喜欢歌听一半就切掉的感觉。我一直觉得，做音乐节目就好比裁衣，一定要量身打造，才会拥有既漂亮又舒适的完美感觉。

2009年下半年的一天，我正在直播间“边走边唱”

中，导播老师突然进来递给我一个大大的信封。我接过来一看，里面是份红头文件，我想，不会是我在节目里太过活泼被举报了吧？带着紧张与好奇仔细一看，原来是我获得了第十一届广播文艺专家评析的专家大奖，《边走边唱》被称为全中国第一档广播随身KTV节目。

随后我在三亚领奖的时候，遇到了广播电视节目资深专家、已经70多岁的胡妙德老师。他见到我的时候先是上下打量我一番，然后有如革命同志会面一般双手紧紧握住我的手说："你就是麦麦啊？你就是麦麦啊！哎呀，你是一个中国广播界开创先河的人，用这样的风格主持，你可是吃螃蟹的第一人啊！"我当时怔住了，我在想，今天晚上餐座上也没有螃蟹啊。旁边随行的同事急忙过来解围说："麦麦，胡老师可是资深的评审，全国很多主持大腕都得到过他的指点呢，还不快谢谢老师。"我急忙回应："谢谢老师，您把我说得太夸张了，我只是想创出新意而已，还请您多多指点啊，下次，呃……请您吃螃蟹。"就这样，我的《边走边唱》就一路欢唱到今天，想想自己是多么幸运的孩子啊！

我希望自己可以一直保持着一份简单和热爱。我相信真正用心去做节目，听众是一定能够感受得到的。比如我在节目里看似很随性地带大家唱，很多听众和朋友就会经常问：“麦麦，你怎么什么歌都会唱？”我也只是笑笑不回答，因为这里面做了很多所谓的“地下功课”，有些是前一天晚上做的，有些是这一个月要积累的，还有些是你从小爱做梦、爱幻想、也爱自己的兴趣一直积累下来的，好创意绝不是一蹴而就的。

也有人会问，现在节目受欢迎了，为什么不换一个更好的时段，让更多的人听到你的节目？怎么说呢，对于我来说，人生就像是做菜，同样的食材做出同样的菜不难，但是做出独一无二的味道才是我着重追求的。至于几个人去吃，几个人竖大拇指，已然不是最重要的事情，你会在乎你最爱的餐馆里有多少客人在吃吗？当然不。

Warning danger
Overhcad obstacles

“

听我音乐的人就像是天上一闪一闪的星星。虽然你不一定总是能见到他们，但你知道，他们会一直在那里，那颗最闪亮的星。

”

死忠粉丝养成记

电台主持人很妙的地方就是在于这个职业本身注定是个神秘的工种，无论时间怎么推移，也无论文明怎么进步，大家始终都会觉得看不见、摸不着的东西永远存有一份神秘感在里面。

做了这么多年的电台节目，要说工作上开心的和不开心的事情，好像大部分都跟听众有关系。我收到过各种各样对我节目称赞的反馈，都有心想把它们整理成文字和故事，然后出一本叫《赞美的艺术》这样的书。当然，收到赞美是很值得去开心的事情，但自然也会有各种“奇葩”听众听我节目时跟我“理论”的。记得节目刚开播的时候，面对这种广播史上从未出现过的“麦氏自HIGH”主持风格，很多听众就用各种互动方式教导我不要这样、不要那样，比如我在节目里放了一首耳熟能详的经典老歌，他们就会立刻留言说：喂，同学！都什么年代了，歌这么老怎么听啊？太没活力了！我又放了一首全新的好

听动感单曲，他们又接着说：拜托！这么新的歌叫我们怎么跟着唱？一开始我还是多多少少会被影响，会尽量以讨好他们的姿态按他们要求去做，后来我发现，当有人进来“捣乱”的时候，总会出现很多比较理智的听众帮我说话，帮我收复失地。渐渐我发现了，这个节目不是只为某一部分人做。随着时间的推移，我好像也越来越不重要，重要的是他们一起关注一个节目、一个人的彼此共同或不同的感受。我的听众族群也逐渐地呈现成“爱挑毛病”和“完全死忠”两个大团，当然，也有那种开始很不喜欢我，后来慢慢进阶为死忠粉的。

曾经有个听众在我节目开播两年的时候给我发过这样一个信息：刚开始听你节目的时候非常不习惯，特别喜欢原来的节目模式，你一主持我就觉得烦躁，但是节目里你挑的歌曲我非常喜欢，于是我发短信建议你不要说话只播歌就好，结果没有得到任何回应，我更加生气，从此不再听你的节目。但几个星期后，有一次我出去签重要的合同，刚好遇到堵车，心情无比烦躁，随手扭开收音机突然里面传来一句“希望你堵车的时候不堵心哦，今天我们要继续边走边唱，忘掉不开心的一切，相信一会儿就好啦”，我顿时心情大好，感觉堵在大马路中间最需要朋友的时候你的陪伴是对我最大的安慰，当天也顺利签约。从此以后，我就变成了你的忠实听众，不仅自己听，还推荐给我女朋友听，推荐给我的老同学、朋友听。后来，我们大伙儿都变成了你节目的死忠粉，我还多次组团参加你的粉丝见面会，为你现场加油。一开始对你的标新立异很不理解，但后来感觉不听就好像生活里少了什么，不知不觉发现你已经变成了我的“好朋友”，而且是那种无所求的真朋友。看到他的这条反馈，

我的心里有种说不出的感动，这或许就是电台节目独有的一份魅力，当你最需要朋友的时候，打开收音机，我就在这里陪你，而当你正在和生活里的朋友欢乐愉悦时，也可以没负担地忽略我的存在。

很多同行跟我聊天的时候，都问我是怎么培养出说如此很强大的粉丝团。说实话，我觉得他们的养成完全是他们自己彼此努力作用的结果，我好像真的没做什么。了解粉丝的存在也是很有意思的事情，总体我的粉丝分为几种：一种是只听我节目从来不跟我进行任何互动的人，甚至走大街上认出我也装不认识那种，但是在各种评奖投票的时候他们一定会发动身边的朋友为我投票。因为他们只是单纯地喜欢听节目并支持我，有点做好事不留名的感觉，属于“活雷锋型”的粉丝；一种是不仅听我的直播节目，还会关注我的一切动态，比如我下节目去干吗、下周又会参加什么电视节目等，比我团队的人还要清楚，而且每场活动都会来为我加油打气，属于“热心肠型”的粉丝；还有一种是完全没听过我的节目，只是在网络上看到了我的微博或看到我在某个电视节目里做嘉宾，然后就一发不可收拾地关注着我，微博里也经常会出现这样的粉丝们“神经兮兮”的留言，“早点睡，听到没！”就像我天天跟她一块睡似的。“看你最近忙的，真是心疼！”就像我俩经常见面似的。“签唱会错过了，来道个歉！”就像失了你的约似的。“答应我不许不幸福哦！”就像恋爱刚分手似的。“哼！你怎么又不理我了？”就像人家真理过你似的（这是郭德纲发现的，脑残粉们别生气，请继续爱我吧！笑）！

我还接到过很多听众的短信。有位听众说自己心情特别抑郁，任何劝告都听不进去，甚至心里已经有跳楼的倾向了，在外出的路上听到我的节目，发现生活里还可以保持这么简单的一份快乐，于是解开了心结。还有一位听众说受了爱情的伤，已经变成了城市里的“爱无能”，听到节目里播了一首《值得》，搭配上我关于爱情的观点，又重新燃起了对爱的渴望。也有听众说城市里生活压力大，工作不好找，一次次受挫、碰壁，听到我的节目之后纳闷儿我怎么能随随便便就乐成那样，第一次听觉得我肯定是疯了，这个主持人怎么这么二呢？第二天听还这样，第三天忍不住了，发短信来说你能不能别唱了，都闹心死了你还唱得这么欢，然后我就在节目里面开导他们，不管遇到什么挫折都不能失去对生活的热情啊，不如你跟我二一次，释怀地唱一会儿，说不定你就会对生活有新的发现。后来反馈给我的信息就逐渐积极开朗起来，据说现在已经做上了某星级酒店的主管。有次我主持电视台的一个颁奖典礼，节目组为我安排了一间很大的套房。我刚进房间就看到床上摆着鲜花和巧克力，还有一张字条，上面写着这个故事，我才意识到多年前那个跟我互动的听众就是他。虽然后来我也始终没有见到他，可能他希望继续保持着我们之间的神秘感吧，不过我是真心替他高兴。

节目做得越久，好的、坏的反馈听得也就越来越多，心态也越来越趋于平和、理智。时间不仅可以让人变得越发谦逊，还可以锻炼你的判断力，每每想到这大大的世界上有这么多人没有真正见过你却如此地相信你、支持你，我就意识到自己身上的这份责任感，这比我说起自己的诉求、希望能做成什么样更为重要，丝毫不敢怠慢。或许正是这种心态，才一直在催促着我每年都为节目注入新的元素和新的创意，无论在整体包装、节目概念和音乐选择上都会升级自己的标准，提高对自己的要求，好让那些陪伴着我成长的听众们常听常新。

记不清是哪位大师曾经讲过这样一句话：最伟大的音乐家是和他的听众一起来创造音乐。而作为一个音乐节目主持人，即使不是为了伟大，而是为了办好这档节目，又何尝不是如此呢？

“

看清楚这个世界，并不能让这个世界变得更好，
但可能让你在看清楚这个世界是个怎样的世界
后，把自己变得比较好，比较重要。

”

我的听众都是大腕

越是大的城市，越是期待可以遇到那些小小的感动和惊喜，或许是因为现在的生活里真性情的惊喜越来越少，不过通过我电台 DJ 的身份的确结识到了很多好朋友，其中不乏明星大腕。

2010 年，我在北京出演了人生中的第二部舞台剧《再见我的爱人》。为了宣传，我们主创人员需要参与多档电视节目的录制。其中一档电视节目的主持人正是戴军老师。这造就了我与戴军老师第一次见面的缘分。节目开始之前，他在后台就打量着我说："你就是麦麦啊？我听你节目好久了，每次我在车上都会让司机播你的节目，我原来一直觉得自己是'中华小曲库'，听了你节目后，我觉得你才真是'中华小曲库'啊！这头衔转给你了，而且电台里长得最好看的就是你了。"听到戴老师这么一说，反倒让我有些小小的害羞，虽然我平时活泼好动、自信满满，但节目中的我和生活中的我的确有很多不同的地方，

真心不禁夸，况且戴军应该算是我的前辈了。记得当时我还十分懂事地回应道："谢谢戴军老师，我也是看着您的电视节目长大的。"呃，我的意思是：你看我长得多好。

其实我那个时候就慢慢地发现了我职业的微妙性，就算第一次见面的两个人一点都不会感到陌生，不需要那么长的友情过渡期，就可以直接真实地互动。所谓"最熟悉的陌生人"就是在讲我们电台主持人吧，当然前提是对方已经透过节目了解了你。有一次，戴军老师要来看我演戏捧我的场，可是那个剧的剧本特别奇葩我们剧里里面的好多演员是第一次演戏，彩排的时候各种紧张、各种状况，当时内心特别纠结，既想让他来看我的演出，又怕他会失望而中途离场。刚好那天下大雨，我想他不来也刚好有理由。就在戏要开始的前五分钟，突然看到有个人捧着一大束花从大门匆忙进场，后来得知他来的时候外面下的不是大雨，而是大冰雹。散场的时候他还逗我说："戏真无聊，不过你演得最好，下冰雹也算值回票价了。"我后来又接演了两部舞台剧，多半都是因为这句话的鼓励，而且后来我不仅出演还会积极投入创作和设计，努力要让周围的一切都更完美，也正是因为这种不经意间的鼓励，才让我有了那么多的勇气和尝试的动力，这也是一种正能量。

还有一次参加一个时尚活动，一位当红影视女星跑过来找我，用很惊讶的语气问我："你是麦麦啊，我问你啊，你每天播的那些歌都是从哪儿找来的？还有，你在节目里头，比如周杰伦的就不说了，女生的歌也能唱，英文的歌你也要唱，前段时间我拍《甄嬛传》的时候听你连日语、韩语的歌也在唱？是什么情况？"我笑着说："其实我今天节目里刚播了一首泰语歌，很好听哦。"我还即兴唱了一大段，她用很佩服、很词穷的表情望着我，我连忙解释，"其实我也是现学的啦，在语言方面还有点天分，歌多听几遍也就差不多能唱出来，下次你也可以试试。对了，你也喜欢听我节目吗？还喜欢听什么歌改天播给你。"结果她给了我一个很"冷门"的答案，她说她也喜欢古典音乐，她想听我在节目里唱歌剧完全是拿着挑战吉尼斯的心态在与我对话啊，于是，周一的时候我播了《Osolemio》（《我的太阳》）流行版，并且大段地带着大家欢唱。她默默地发了微博：地球人已经阻止不了麦同学了。说到微博，还有一位女歌手也很调皮，那段时间她在积极准备她的全国巡回演唱会，每天都要辛苦排练还不忘发微博调侃："一出门，又听到麦麦麦同学荡漾的歌声。紧接着，这个早上在'麦杰伦'的歌声中，开始美好的排练啦！"因为她的这条微博，后来很多粉丝听众都称我为"电台界的周杰伦"，弄得我一头雾水。后来，我和她在直播间偶遇，她提到

经常和同事们一起听我节目，边听边调侃非常欢乐。她就是张靓颖。

其实有的时候我也很调皮，也喜欢在微博里搞怪。有一次，著名导演贾樟柯发了一条微博，说他的司机天天都会听北京音乐广播里这个叫麦同学的人，完全就是个超级粉丝，他也天天跟着听。我的听众在微博上转发给我，我就立刻评论了他的微博说：不听节目的导演不是好司机！搞得他的影迷和我的听众都乐开了花，生活

中多么需要这些好玩善意的调侃啊，顺便说一下，贾导，请罚我演你的电影吧！（笑）

当然，我所说的大腕不仅仅是这些明星朋友，更多的是在我心里像珍宝一样存在的听众们，他们中间也有很多“大腕”级的人物。我的粉丝统称“麦苗”，庞大的粉丝族群叫作“麦家族”。记得有位内蒙“麦家族”的听众，印象里是个白白净净的女生，短头发，每次我有地面活动或是见面会她都会出现，之所以知道她是哪里人是因为有次活动后她跑来问我最近还有没有活动，如果有的话就多待两天，没有她就回内蒙古了。我刚开始以为她是刚好要出差，后来才知道她每次都是专程坐飞机来参加活动，活动结束就立刻返回。我想这应该就是传说中的真爱吧！哈哈，还有在山东就开始听我节目的“老朋友”们，无论我出现在什么样的平台上，都会得到他们的鼓励和支持。

我和听众朋友们的故事有很多很多，里面也不乏温馨感动的瞬间。有位男听众，每次我有活动他也总会出现在现场，张罗着大家忙前忙后的。有一次我的一场活动他没出现，活动结束后我觉得很奇怪，这么脸熟的人怎么今天没有出现呢？回到家打开电脑才看到大家在微博上聊他的事情，我那时才知道他当天在来的路上开车太快出车祸了。我看到这里，感觉心被突然掏空了，特别难受，总觉得他是因为要来看我而出的事。那段时间我一直暗地里打听他治疗的消息，得知他的腿部受伤严重住院观察的时候，我让同事联系好几个跟他关系不错的粉丝听众，准备一起偷偷给他个惊喜。当推开门看到躺在病床上脸色苍白的他，我心里很不是滋味，可他见到我时非常惊喜，脸上马上漾着兴奋的神情。他不太相信我会出现在他的病房里，当我看到他病床旁边的收音机时，忍不住给了他一个拥抱：我不是一直都在吗？

一个月以后，在地坛公园举办的“听众最喜爱的主持人”拉票会现场我又见到了这位可爱的听众，他竟然拄着拐杖来为我加油拉票，这令我非常感动。我和我的听众们就是这样温暖着彼此，每时每刻。都说白天不懂夜的黑，可是你们可知道，换作我这里，白天的活力也可能照亮黑夜让夜温暖。听我节目的不仅限北京地区，很多人都是通过网络来收听我的节目，其中就有很多远在异国他乡的朋友，也就是说我这边是阳光明媚的上午 10 点，他们那里很可能是黑灯瞎火的晚上 10 点，甚至更晚，可时差完全没有影响我和国外听众的交流。我收到过很多来自大洋彼岸的网络留言，每每节目一开始直播就会有来自全世界的问候和报到信息，有来自意大利、美国、澳大利亚、韩国甚至南非等更远的地方。透过小小的直播间，用一首首我精挑细选的歌曲，激励准备出门上班的你，或安抚地球那头准备入眠的他，抚平了那么多时间和空间上的距离，想想都觉得不可思议。

西方大美学家格塞罗曾经讲过："音乐家可以说'我的国度不在这个世界上'。"我国的大音乐家贺绿汀前辈曾经说过：音乐是不需要翻译的作品。（"贺绿汀"的名字，你可能比较陌生，但是他的作品你一定会唱。"我们都是神枪手，每一颗子弹消灭一个敌人！"大家不妨在心里跟着唱起来！）

音乐无国界，这里最贴切。

OPPAN GANGNAM STYLE
HEEEY! SEXY LAAAADY!

插播新闻：红遍全球的中国“麦客疯”大秀骑马舞

最新消息！西班牙国家电视台活力访问北京地区《江南STYLE》播歌第一人DJ麦同学，直播间大秀爆棚骑马舞！

近日，采访到北京音乐台最具人气的当红音乐主持人DJ麦同学。因为DJ麦在自己制作主持的音乐节目《边走边唱》“鲜辣麦客疯”中，经常会播放最新的K-POP（韩国流行音乐）及欧美最新时尚的音乐。该节目也是全国音乐节目收听排行中的佼佼者，拥有全国乃至全世界众多粉丝“麦苗”。说到此次专门来到北京采访DJ麦是因为有数据证明他是最早在北京地区播放现今红遍全球的K-POP神曲《江南STYLE》的DJ，在北京地区对此歌的推广有着功不可没的幕后助推作用。西班牙国家电视台著名的记者及主持人此次采访看过DJ麦在直播间的主持状态后大呼过瘾，表示从来没有见过这么有活力和感染力的DJ。当聊到《江南STYLE》这首歌的时候，DJ麦也分析了这首歌为什么会红遍全球的理由，聊到兴起，在直播间带动所有工作人员齐秀骑马舞，HIGH到爆棚！感谢收看。再见。（2012年10月24日报道）

黑格尔说过：音乐是心情的艺术，如果把音乐活动看作是一种灵魂的解放，而摆脱一切压抑和限制的过程，那么把这种自由推向高峰的就是音乐。而朗多米尔则说音乐是一种感召心灵的神奇魔力。我觉得，我们的《边走边唱》之所以能够红遍全球，而我被称为“麦克疯”首先是自己被音乐这种魔力感召了，才能够全身心地和听众一起享受那种灵魂解放的自由高峰体验。所以才有了这次激情不能自已的骑马舞之秀。

“

很多听众都问过我，为什么你看起来那么的会生活，我说因为我有麦家秘笈，那就是微笑和沉默：微笑能解决很多问题，沉默能避免许多问题。试试看！

”

“雨神”的考验

听我讲了那么多有趣的直播故事，好像DJ麦的直播生涯一直都很顺风顺水的样子。NO！ NO！ NO！在我的职业生涯里，我遇到过几次超恐怖的突发事件，其中就有两次特大暴雨，发大水道路阻断都是基本款。

第一次是我还在山东做主持人的时候，那时我主持的是晚上的直播节目，下午刚好和同事们去广告公司开会，去的时候一片艳阳天，可开完准备回去的时候发现开始下大暴雨。我和一位同事开车在路上滞留了一个多小时，我们开始都以为只是堵车而已，于是坐在副驾驶的我试图下车步行，心想反正离电台也不远，这还指不定堵到什么时候呢，我走回去好了，别耽误了晚上的直播。可谁知道打开车门的一刹那，雨水就往车里灌，我和开车的同事这才意识到问题的严重性——大暴雨导致整个城市排水系统瘫痪了。就在这个时候，我看到前面的很多车开始打转，在雨里被奔涌的水流冲来冲去。也不知道当时是出于什么原因，硬着头皮把裤腿挽起来非要下车，一踩下去发现水已经没过了我的膝盖。说明一下，本人可是181cm的身高啊！我扶着绿化带里的树和路边的铁围栏，缓缓地朝电台的方向移动，走在路上的时候还帮一个被困在水里的老大爷把自行车绑在了树上，又嘱咐几句才继续往前走。当我步履蹒跚地赶到电台的时候，距离直播只有3分钟，我急忙就位搜索急救的措施，准备在节目里告诉那些困在路上的人们怎么应急，就这样完成了当天晚上的直播。第二天台里紧急召开会议，领导在会上既批评了我又表扬了我，其中批评我是觉得那么危险的情况我不应该不顾自己的生命安全冒险回台，看新闻说当晚很多井盖都被冲走，像我这样在水中摸索着前进随便一只脚踩空就一定无影无踪了。领导说到这儿的时候，我看到他眼圈都是红的。这件事情发生在2007年7月18日，之所以对日子记得那么清晰，是因为那天也是我爸的生日。当天下午5点开始，3小时内最大降水量180毫米，这个数据是济南市有气象记录以来历史最大值。

第二次是2012年7月，北京遭遇近几年来最强暴雨和洪涝灾害。真悲催，为什么都让我赶上了？我那阵子起床比较早，那天起床后拉开窗帘，惊呼了一声："天呐！"我记得我当时还写了条微博：拉开窗帘，

ZENYAMA

OMG，门前大桥下游过一群鸭有没有！下大暴雨有没有！发大水了有没有！我家楼下到处都是汤汤水水的，连公交车都趴在路上熄火了。我当天上午10点到12点需要录制直播，之后需要给杂志拍照片。收拾停当后，我急忙奔下楼，手上还抱了一堆拍摄的服装，而且衣服全都是用纸袋子装着的。一时间我等不到出租车，而且我家附近也没有地铁站，为了不迟到，我只能选择公交。由于天气实在很糟糕，两站地之后车熄火了。司机说，只能等着了，前面修路有个大坑，无法通过，而且已经有小轿车趴在水里"游泳"了。这么等着肯定会耽误直播，于是就让司机把车门打开了跳了下去，决定自己走路。当时还下着雨，纸袋子已经湿透了，只能抱着，那时候已经是9点45分，我还在路上。只有15分钟了，只有15分钟了！恐怕是赶不上了。我赶紧给台里打电话，如果我赶不上直播，就用备播带先顶替。尽管做了应急措施，我还是得以最快速度赶到直播间。于是就一直在水中跑，我为了配合下午的杂志拍照穿的是靴子，里面早已灌满了雨水，跑起来扑腾扑腾的，节奏感十足。突然，我看见前面有一辆9路车，印象中好像是路过我们电台门口的。没来得及思考更多，先跳上车去。那辆车驶过了一个路口之后就一直没有停过，感觉好像知道我赶直播着急专程送我一样。到站了，我正准备箭步冲下车的时候，一位阿姨递给我一个塑料袋迅速帮我套上衣服纸袋，我都顾不上说声谢谢就往直播间冲去。冲到直播间的时候，10点01分，OK！来得及！10点开播的节目前面有3分钟广告，刚刚坐稳没多久就推片头准备正式直播了。在节目中，我也提醒大家要注意雨天出行安全，还给大家讲了我早上的惊险体验。当时也没有什么特别的感觉，但因为直播间机器需要散热，空调温度调得特别低，觉得特别冷。两个小时后直播结束，我起身回头看凳子，发现皮质的凳子上用手一按都是水，地毯上也是，我自己都惊到了，后来因为淋雨还生病发烧了。

这两件事情直到现在我还记忆犹新，后来跟同事调侃的时候说，好像其实也不一定非得赶过去，又不是钢铁侠，一定要冒这个险吗？钢铁侠掉水里也短路好不好！听众少听你的一期节目也不会怎么样，反正也有备播带之类的应急措施。可是世界上有些事情就是没有原因的吧，也没有标准的或明确的答案到底应该选A还是B。我觉得我已经下意识养成了一种态度和习惯，这件事我就是应该负起责任来，如果真赶不上我只能抱歉，但是在那个时刻，我一直在问自己，真的没有办法吗？我不会轻易放弃努力，这就是我有点一根筋的态度，虽然我也深深地体会到：直播不是我想赶说赶就能赶！

冲绳 · 重生

Reeffers

2012 年收到日本冲绳媒体的邀请，我去冲绳拍摄一个“麦同学带大家畅游冲绳”的个人影像专题。这是我第一次和冲绳亲密接触，当地的风光非常美，虽说这次是来工作，不能自由散漫随性观光，但在工作之余感受一下当地风俗也是不错的。接待我们的是一位加入日本籍的台湾姐姐，拥有着台湾人的热情和日本人的严谨，在几天的拍摄工作中既当助理又当翻译，还当保姆。在首里城的大广场上，她竟然跪式服务帮我别话筒，在车里打喷嚏永远使用“不打扰模式”，几次我都以为车里的角落一定藏着某种猫科动物。各种敬业和礼貌令随行摄像大哥非常感动。

我的很多“第一次”都奉献给了这次冲绳拍摄。原本的拍摄脚本里有一项是“麦麦桑体验轻松简单的浮潜拍摄”。可到了出海的船上，日本的船长坂崎宏次先生告诉我们：“没有浮潜的场地，只有，大海！只能，潜入海底！”听完我们当场傻眼，第一个傻眼的是编导婷婷小姐，她特别担心我的安危，生怕我在拍摄中出现危险，于是乎做出一副要替我下水的架势去跟船长沟通，未果。哦，忘了说了，我不会游泳。只是得知这次去日本有水上项目的拍摄，特意在周末跟舅舅学了一个下午，也只是能够短时间地憋气而已。面临下不下海这个抉择，我对大家说：“我下！”随行的领导愣住了，他诧异一个不会游泳的人立刻就要背着氧气瓶跳入海底，哪来的勇气？后来问我，我想了半天也没给出答案，可能一半新鲜一半责任。

我没多想就穿好了深潜服，跟教练做起了热身运动，等我戴上氧气罩时还是有了那么一丝丝的恐惧，教练开始张大嘴巴教我怎么咬住呼吸滤嘴，并千叮咛

万嘱咐地让翻译告诉我一定要咬牢。我也使出浑身解数认真学着，虽然根本不知道自己沉入海底的时候还有没有脑子记得咬牢这个动作，毕竟我是个不会游泳的家伙。准备工作迅速地做完后，我们开始准备正式下海，当我顺着绳子下到水中，海水没过全身的时候，恐惧被瞬间放大，心里在想：万一我在海底，真的突然不想用这个滤嘴呼吸，真心想用我的鼻子呼吸，怎么办？就在这个时候，我顺着绳子又溜溜地迅速让自己的脑袋露出海面，大口大口地呼吸着空气，好像再也吸不到了的样子。教练看出了我的初次恐惧，让我自己调节，我心想：不行！不能让他们小看我，不就是深海总动员吗，我只要调整好呼吸，其他的都没问题，OK！我深吸了几口气之后对着教练做了一个 OK 的手势，再次鼓起勇气向深海潜去，10 米、20 米、30 米，下沉速度越来越快，感觉头顶上的船也离我们越来越远，身处的环境也越来越深，身边游动的小鱼的模样也越来越丰富。当我发现正前方是一只海龟的时候，我意识到，我们的船此时已经在我眼中变作了一粒沙的大小，跟我一起潜入海底的有一位日本籍教练和一位助手。他们一个负责我的安全，一个负责拍摄我们想要的海底画面，可能是自己平时自 HIGH 训练有素，在深海里东倒西歪的我，每每看到摄像机准备拍摄的时候，我就会瞬间不歪扭，立刻“美人鱼”附体，随性地摆出特别自然、特别自在畅游大海

的美妙感觉，而当摄像机的工作灯一熄灭的时候，我就立刻恢复不协调状态，使得保护我的那个教练一直需要“拎”着我，防止我被海龟带走、被海水冲走。

拍摄了许久，教练给我手势告诉我们工作完成，已经拍到了想要的画面，我们开始原路返回。当脑袋再次露出水面的时候，船上的摄像大哥早早做好准备抓拍我出水芙蓉的镜头，哦不，是狼狈不堪的出水画面，哈哈！可我依旧努力地微笑，告诉大家海底世界的神秘和美妙，其实内心只有一个想法：能大口地呼吸，真美好。除了这个第一次，我还在 NHK 电视台的安排下变身“太鼓达人麦”，平时只是用手机玩太鼓达人游戏，这回让我亲身体验了一下现实版。接下来的几天里，我还在摄制组的安排下抓了活海参，抱了大蟒蛇，穿着短裤站在剧

冷无比的惊涛悬崖上，在狂风下的万座毛（冲绳海岸国定公园一处景观）摆出貌似春日明媚时的平静表情等。

看似各种艰难险阻，但是在我这样 HIGH 的人面前，好像一切都只是按部就班，偶尔的恐惧涌动，也会在看似玩笑的调侃间把勇气鼓足，阳光加满格地去面对它。其实每一次全新的体验都是一次重生，都是一次升级，这样的进化也会对你自己和身边的人产生各种各样伟大的作用力。当然，这需要你细心去提炼它，每个人都可以伟大地存在，伟大，也并不是一定要惊涛骇浪，伟大也不一定要万人皆知。当有人靠近你的时候，不自觉地认定你身上有种力量在默默地吸引着他，影响着他，直至真的有一天他发现因为你，自己做出了一些惊人的好的改变。这，就是伟大重生的力量吧。

不声色，不青春

Mai Voice & Mai Young

“

快乐的人不是没有痛苦，而是不会被痛苦所左右。所以我决定每天都做一个快乐的人，哪怕，生活真的没有那么快乐。

”

注意！有“自HIGH教主”出没

可能我这类人天生就有职业病，所以我一直觉得说话真的是件非常有意思、非常神奇的事情，乃至经常聊天到热火朝天、披头散发的时候，友人们突然来一句：麦，你下了节目还这么HIGH，你累吗？让不让人活了！我的脸上瞬间浮现三条黑线。

无论是和你熟悉得不能再熟悉的挚友聊天，还是和初次见面请多关照的陌生人寒暄，抑或是第三类像我们这种电台节目主持人和听众之间的互动联系——最熟悉的陌生人的关系，我都真心觉得并不需要特别在意究竟在彼此交谈时说了什么，说话最升华、最重要的部分应 该是：状态！状态对了，好像说什么都是对。

有次直播的时候，有位男听众给我语音留言，操着一口十分浓郁的东北口音问我："麦同学，听你节目发现你咋这么活泼（此处的泼读pe）呢？你咋这么快乐、这么HIGH呢？"听了这位东北爷们儿听众给我的留言，让我足足笑了一整天，不光是因为口音逗乐，更多的是他真实得让我都能够从他的话语口吻间猜到他的职业、性格、脾气大不大等。这让我意识到，说话其实真的可以瞬间把自己交待给别人，华丽辞藻可以学，诗词古句可以背，但真正传递到心里的真实，其实是说话的状态。

回到这个听众向我提出的问题，是啊，为什么我每天都那么活泼、那么HIGH？凌晨睡清晨醒，直播一上午，开会一下午，活动一晚上，日复一日、年复一年，真正闲下来的时候也问过自己保持全年无休却始终HIGH的原因。后来仔细想了想：嗨！我天生就是神经病吧！可是，我这样回答对于听众来说似乎有点不太负责和文雅。于是，在这个问题上我又认真思考了一下，发现真正让我保持活力状态的动力源泉其实是"热爱"这两个字。

热爱不适合挂在嘴上，就像是没有人天天把人民币贴在脑门上告诉大家他有多爱钱一样，但是热爱是会从很多细节渗透出一些蛛丝马迹的，就像很多人在做事情的时候都是抱有期许。只是有的人动静大，有的人喜欢"鸟悄儿地"（配合上文那位东北爷们儿）去做，但都源自热爱，此时可能会有听众站出来说：我反对，我每

天工作不开心，所以我并不热爱！好，那么请问，你是不是依旧还在工作？为什么？不喜欢其实可以跳槽或是辞职，为什么还继续演一个人的纠结分裂戏？因为你热爱，只是，可能你热爱的是它带给你的薪水，抑或是一种不愿改变的生活状态。而对于我近十年的直播工作来说，我更热爱的，不是它带给我怎样的名利双收，也不是各大颁奖典礼上获得的种种荣誉，而是这个工作本身带给我的简单的快乐。我总觉得天才和笨蛋就是特别亲密的邻居，忘了是什么时候明白一个道理：再简单的东西，也很容易在生活的雾霾里发生化学变化，于是我特别努力地去维系这份简单的热爱，努力让它不被时间所左右或者减弱，也努力让辛苦变得不辛苦，让快乐变成一种习惯。说到这，我好像有了给那个听众的答案，麦同学为什么 365 天每天节目里都那么快乐？怎样可以每天都那么开心、那么 HIGH？努力把它变成一种习惯、一种状态，你会发现下次你的问题将是：朋友，你为什么不快乐、为什么不 HIGH 呢？

欧巴你好毒

前几天一个电视媒体对我进行专访，问我希望别人觉得我是一个什么样的人？我说：“特别真实的人。”无论在节目里还是生活中，有时我说话好像的确不怎么经过大脑，不太会给关系特别好的朋友留情面，还被很多朋友列为“毒舌前三甲”，有的时候又把话说得特别得体，把戏做得特别足，这其实不是分裂也不是虚伪，因为我也在慢慢体会怎样做一个真正真实的人。话一定要说到最彻底才是真实吗？有时候故意毒舌去表现真实反而会显得没礼貌、没教养，最后还被扣上一个肤浅的帽子，这时千万别毒舌。而尴尬的瞬间，用毒舌的真实去化解，反而替代幽默让毒舌又变作一剂良药，效果就特别好。

身边跟我很熟的朋友经常会觉得我很毒舌，但是又特别死乞白赖地喜欢让我偶尔“教育”他们、“打击”他们。后来受到我的影响，他们也开始各种搞随性、搞毒舌，结果被他们的朋友说没教养，回头问我的时候，弄得我

Flakes
NATURAL
COLLECTIONS

哭笑不得。这件事就好比炸薯条，你对薯条和油锅的属性非常了解，你可以扔着炸、撒着炸，想怎么炸就怎么炸，看似简单其实充满技巧，同时也存在着危险系数。没试过或是不了解属性的家伙们就会效仿，最后一定弄得油花四溅、鸡飞狗跳。

说话是门艺术，我觉得了解自己更是门艺术，只有真正了解自己，你说什么做什么才不用太过于计较，也就产生了看似随性的自然状态，才会达到就算毒舌说些不中听的话，别人也觉得挺优美、挺幽默的，这不仅仅是语言的艺术，更是对自己内心气场的把握。

生活里，身边经常说错话闹笑话的朋友特别多，我的助手是个研究生，外表、学历都非常加分，但就是经常说错话被我“教育”。有一次，他跟我去一个歌手朋友开的店里做客，我这个朋友跟我一样很随性，临走的时候她让她的助理给我们在店里拍照留念，我的助手也拿出相机拍。我的这位歌手朋友很客气，对他说：“你拍得不错哦，比我助理拍得好！”结果我的助手回道：“没有啦，因为我的相机比他的好。”场面突然冷掉，其实我助手的意思是：他拍的技术不如别人，是因为相机好一点才拍出这么好的效果而已。话从他嘴里说出来，就各种不中听了，其实这种情况完全可以换一种说法：没有啦，我技术很菜鸟的，为了把你们拍得更美，我不过是选了一台高级点的傻瓜相机来撑场面，还是您的助手拍得专业。虽说这只是一件小事情，但是给别人的印象往往都是细节构成的，对于容易不小心说出不中听的话的人来讲，在讲话之前，对自己数一二三，然后再试着说，你会发现，给大脑留出了足够长的时间来迅速思考，也就避免还没出口成章，反而祸从口出了。与此同时，尴尬也就止步了。

“

每个人心里，都住着这么一个人，遥远的爱着。这辈子也许都无法在一起，也许都没有说过几句话，也没有一起吃饭看电影，可是就是这个遥远的人支撑了青春里最重要，最灿烂的那些日子。以至于让以后的我们，想起来，没有遗憾后悔，只是暖暖的回忆。

”

慢！慢慢爱

前阵子我举办了一个小型的粉丝见面会，有位听众送了我特别大一束花，举着花问我：“麦麦，你主持节目的时候语速怎么那么快啊？你着什么急啊？”我回答：“我赶时间啊！”现场一片哄笑。笑过之后，晚上回家又开始思考白天的那个问题。现在都市的生活节奏还真是越来越快，快到令所有人都有点目不暇接，快到很多人都找不到方向，虽说我的节目无论是风格还是语速都可以用“超音速”来形容，但我私下其实是非常希望让自己“慢下来”的，这是现实生活中的我跟节目里很不同的一面。从强调健康饮食的“慢食”，以体现人文关怀为宗旨的“慢写”，到提倡寻找纯真爱情的“慢慢爱”，再到倡导享受心灵沉淀与愉悦的“慢读书”，还有号召大家好好体验旅途风光的“慢旅行”，我都希望可以做得到。我越快，其实越是提醒自己慢下来的重要性，因为我觉得无论是在语速还是在工作发展上面，实在是太快了！快到怕哪天连地心引力都抓不住我！（唱：音浪太强不晃会被撞到地上……你看你看，我太快了！）

说到“慢”这个话题，我觉得日常生活里每一种生活方式都可以得到新的诠释。那些迎着朝阳出门踏着月光回家的人们，似乎也越来越难发现城市的美，钢筋水泥空间里充斥的欲望也加速着每个人的步伐，可能慢了就赶不上回家的最后那班车。可是我依然觉得，慢慢品味和享受生活才是我们活着的乐趣。无论你工作效率有多高，挤地铁身手有多敏捷，发微信打字速度有多快，你都可以选择找个时间慢慢地看一本书。比如现在就可以跟着我的文字，让自己在阅读中慢下来，再慢一点，因为这样简单的举动和提醒，真的能让你在思考中沉淀下来，从而很多琐碎的烦恼也就慢慢放下了。

不经意间的、潜移默化的东西是最神奇的，也是最有杀伤力的。就像我在节目里的语速很快，歌与歌的转换也很快，但是我传递爱的过程其实是很慢的，我是通过三四年每天上直播这样的坚持让大家体会的。很多人在初期听我节目的时候并不是特别认可我的主持风格，他们也都直言不讳地给我留言，说我语速太快啦、播的歌太吵啦、带动唱的时候声音太大了等，虽然会有人不喜欢不接受，但是对于最初的我来说，听众反馈的每句话我都会很在意，我知道我不可能满足每一个听众的要求，但我一直在尽力满足绝大多数听众的要求。就这样，日复一日、年复一年，看到很多之前不喜欢我节目的人发来互动消息，说越听越喜欢“上了瘾”的时候，看到有人曾经不接受我的主持风格却莫名其妙听了三年逐渐变成了生活习惯的时候，我的内心无比温暖。这个过程其实是很漫长、很煎熬的，算算到今年我都做了八年电台音乐节目了，坚持就是胜利，我总觉得就是在形容幸运又努力的我。

之前看过一本书，里面写到一个歌手在事业低谷期时守电话等通告邀约的

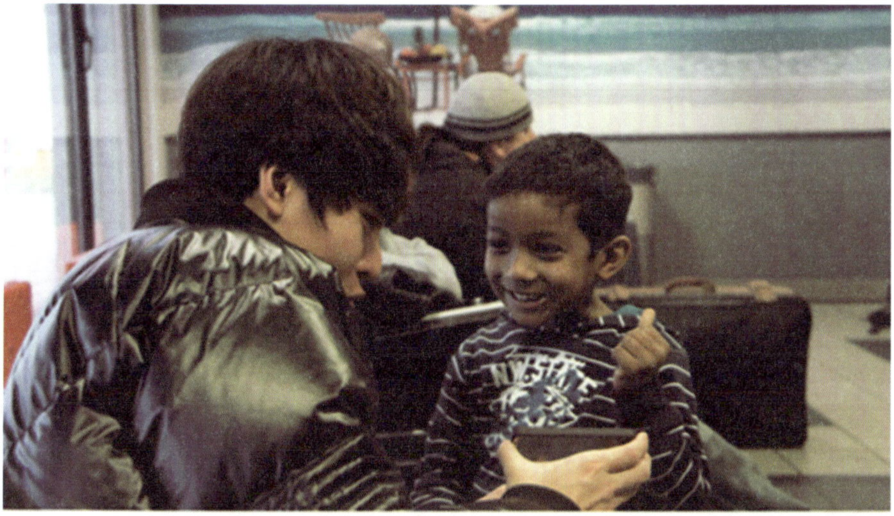

情形，让我印象特别深刻。在自己事业起步之初就把自己放下来，慢下来，我觉得是对未来的自己最好的礼物，也是最有价值的成长态度。所以，我也试图通过很简单、随意、真实的成长故事，慢慢把点滴的生活感动与大家分享，完全不求有多么深刻，超级不想太有内涵，就是单纯地要把像听一首三四分钟的歌曲获得的感动变成文字呈现给大家，让你们看到原来麦同学还可以用这种方式分享，然后心里漾出暖暖的或平静的或……的感觉都可以，因为我相信每个人都会有自己的体会角度和开悟层面。平日里本来就喜欢读书的朋友应该最能体会这种分享感动的快乐吧。如果你觉得这本书能够给你带来一些思考，不要忘记推荐给身边的朋友们，或者只需告诉他书里我的某一个倡导，比如慢下来。或是告诉他电台里有一个多么荡漾、多么活泼、多么 ×× 的“麦同学”其实是在故意慢下脚步，在放了几个出版社的鸽子后，终于为自己和听众做了一回看得见、摸得着的靠谱事儿，甚至……不用提我是谁，只是简单地和他们分享一些阅读感悟，也好。

浮士德曾经说过：“你太美了，请停一下。”我们都累了，是该放慢脚步的时候了，同时也回头看看我们在向前冲刺的过程中，落下了什么，是朋友？还是父母？还是你最最珍贵的爱情？时间可以让你愈慢愈美丽，也可以给自己一些时间去爱和被爱，让眼泪等一等幸福，让美丽等一等哀愁，让微笑等一等感动，让情话等一等承诺，让灵魂，等等我。让我们，慢慢，爱！

我一直喜欢简单的事物，也一直觉得能够欣赏细微、简单之物的美好应该算得上是一种得天独厚的才能吧！

人脉不是设计出来的

从小就听爷爷奶奶叔叔阿姨说，长大之后一定要多读书多看书多写书……呃，他们应该不觉得我长大后可以写书……不过话说回来，毕竟生活这么匆忙，就算给你时间让你读书你又有多少心思能放到上面呢？况且也不一定能抽出大把大把可以来啊快活啊读书啊的时间来。我觉得，如果你实在懒得进书店、懒得看小说、懒得让自己那么懒，这时候，如果有机会交一些喜欢读书、会读书的朋友，那么也算是“人从书里乖”的捷径。

多交几个会读书的朋友，也是会被辐射到很多营养的，不知不觉，好像人脉也渐渐丰富起来，朋友圈也在不断地扩大，与媒体宣传相反，我认为：人脉不是设计出来的。而且，朋友有很多类型，当你越来越成长，在社会上的地位越来越提升，你就越需要各种各样的朋友，这些朋友不是让你越来越复杂，而是帮你保持原始简单的自己。我总觉得真正可以交心的朋友都是“偶遇”的，

当然首先他身上一定有你喜欢的特质。怀着某种急切的利益目的去结交朋友和构建自己的人脉，只会让自己越来越不像自己，到最后发现，就算票房再好的戏剧，输掉了口碑，也是个遗憾。所以，交朋友，也要慢。

我在生活中其实特别的不爱出风头，遇到不是特别熟悉的人话也没有那么多。记得有一次和老友聚会，他们也分别都带了自己圈子里的朋友。聚会快结束的时候，大家聊得四面八方天南海北的，突然有人问："你有点面熟，是那个麦？音乐台《边走边唱》的主播麦？"我回答："那就是我。"对方顿时兴奋地跳起来："你怎么不早说？你怎么跟节目里不太一样啊，不怎么活泼？我关注你微博有两年了，听你节目已经听了三年了！"对方完全傻眼，好像觉得我私下也应该是节目里那样生龙活虎一刻都停不了，后来他才意识到，我们吃饭聊的话题几乎都没在工作上，我自然也不会提及我的身份，难不成还要大声宣布我从小到大获过什么什么奖，我节目有多么多么受欢迎？那未免有点可笑了，我觉得现在这个社会里，很多简单的东西都被搞复杂了，复杂了，也就难为情了，难为情了，也就不轻松了，没事找个乐子和不同的朋友谈天说地不扯到自己身上的标签，好像慢慢也变成了一件不容易的事情。

做电台 DJ 这么久，我每天会接触到各种各样的人，有明星大腕，也有各种圈子的精英，有身家十几亿的高富不一定帅，也有每月薪水三五千的不白不富也不美。各种有意思的人，他们的生活状态和我很不同，会有很多不同的观点和体验。在工作上的交往，往往不是真正交朋友的状态，更多的是一种信誉度和职业操守的交换。如果某个人认识你后，不管你对他的工作有没有帮助、你的社会地位有没有让他也沾染光彩，他都愿意和你结交相处，好像在一起的时候要么胡诌八扯、要么静静地听一首歌都不觉得是在浪费时间，或许这才是真的交朋友吧。就像我身边很多关系不错的艺人朋友，好像他们也没有经常一早起床守着听我的节目，我最爱的歌手名单里面也不见得有他们，但是私下约的时候都是很随性的快乐相聚，我们在一起好像跟工作上面的这些事情一点关系都没有。

我觉得学会真诚交朋友、交真诚的朋友的好心态养成后，会不会读书，读过多少书可能此刻也显得没那么重要。自己和朋友都会被相处时轻松的氛围所感染到，而忘记彼此的身份学识，留下的只是那一刻的欢愉记忆，所以没有必要刻意去按一些礼仪书上写的那样去生硬地社交。做真实自己的同时，除了要在朋友面前表现自己的真诚和幽默，还要尽可能地礼貌待人和顾及他人的感受，让他们由衷地感觉到你是一个特别有意思、有吸引力的人，这就够了。塑造自己最无可替代的人格魅力才是最重要的。这种质朴、舒适的交友法则带来的愉悦感可是花钱换不来的。

生活一定要五颜六色，但绝不能乱七八糟。

看见什么做什么

有一次，我去给某个时尚杂志拍专访，摄像大哥说没见过长成我这样的DJ，因为在他的印象中，电台节目主持人都是那样的，而不是这样的。我问他，那样是哪样，他也说不出个所以然来，总之就是觉得我应该是个广告模特或是演员歌手之类的。

他的这个想法让我觉得很有意思，一些人做一个职业久了，都会渐渐变成这个职业应该有的模样，可是谁又是这个职业“印象模样”的创造者呢？估计大部分人是不会想到这个问题的，只知道想要踏入某个行业，一定要先去看看这个行业里的人长什么样子，穿什么样子，有什么偏爱讲的口头禅，发型都走什么路线等。而我，好像从一开始入行，就没有太按照这个行业里大部分人在拼命的那个点去努力，而是活在自己的世界里，努力地做好自己。

回想当年参加高考，因为要考艺术院校，需要先考专业课，于是我报了几所播音主持的学校和我从小学习的古典音乐方面的院校，专业成绩考得都不错，于是我妈问我如果这些大学都录取你，你要读哪个专业呢？我说：随缘。嘴上很轻松，其实心里更轻松，因为我那个时候似乎就已经对自己的未来有了些打算，我觉得以我这个小体格，学古典音乐唱咏叹调、宣叙调（大型声乐中类似朗诵的曲调）唱不了多少年就会元气大伤，加上一旦踏上这条古典音乐之路，肯定又会早早地给自己冠上“古典音乐艺术家”的名号，以资鼓励自己多年古典音乐的悲催学习生涯。在中国，甭说古典音乐艺术家，好像艺术家都是苦兮兮的，主持人这个职业看起来还不错，因为我妈妈年轻的时候就在做电视台美丽女主播，小时候和她出门逛街几乎不用带钱包，走哪儿都是：“哎？这不是那个播新闻的主持人吗，快来给我们合个影吧！哎呀，这是你儿子啊，长得真可爱，想吃什么随便吃。”除了说我们山东人超级好客之外，我那个时候懵懂的小心灵就已经对主持人是多么受欢迎有了更直观的了解。我妈妈风光美好的背后是每天饭点儿都要直播新闻联播，我和她总隔着一个电视机的距离，结束之后她在台里简单吃一点就要为各种专题片配音，之后还要自己编辑带子，看第二天采访对象的资料等。等她回到家，我的作业都已经做了好几轮了。对，还得回来伺候我这个小嘎嘣豆子写作业睡觉。或许正是因为妈妈做这个职业的缘故，它的这份辛苦体会好像早已经悄悄地植入了我的生活，以后遇到一样的辛苦，好像在我面前分量就没有那么可怕。

当同时接到播音主持专业和古典音乐专业通知书

时，我毫不犹豫地选择了古典音乐专业。你会不会觉得我刚刚说的都是废话？恰恰相反，正是因为我那时就有一点点自己的职业小规划，打算要做一名优秀的节目主持人，所以才选择其他的专业在大学里好好学一学，一是不想扔掉老本行，二是我不想做那种只会念稿子其他什么都不会的空气主播。所以，大学里面主修声乐、钢琴，还选修了大提琴、俄语等。正是有了“十八般武艺”的训练积累，现在我才可以创意主持全中国第一档以这种边说边唱、带大家一起 HIGH 的音乐节目。吐字清晰欢唱却不会缺氧，音律又十分精准（偷笑），同时自己也一手包办节目里全部的包装制作。

这些成绩全赖长久积累下来的音乐技能，都是在作选择之前就酝酿出的小小规划，只不过有人规划得比较远、比较伟大，有人规划的只是到了最近的十字路口如何作选择。或许正是因为自己有点无厘头的职业规划，才能让自己轻松地面对挑战和选择，也使得自己有了猜不出职业的脸。我总觉得一个人生下来不是只能做好一件事情的，最最厉害的就是做什么像什么，这也是我一直在努力的方向。

摄像大哥拍满了两张内存卡，突然对我说：“我想起来了，我看过你演的舞台剧，我说呢。”

活力 闪耀 新风度

电台界“行走的画报”

一般人的印象里，一提到电台节目主持人那都是伶牙俐齿、尖酸刻薄的，嘴皮子麻利，什么话都能接，永远不会冷场。从收音机里传出来的声音那叫一个优美、那叫一个有磁性、那叫一个撩人啊，唯一的死穴就是不能见人，见光死啊有没有。听声音很美好，一见人请您一路走好。前阵子接受时尚画报的专访，文章的标题是“电台界行走的时尚画报”，我觉得说得很在理。（众人：切！）很多人会觉得一个电台节目主持人需要把照片拍那么美吗？一个电台节目主持人需要那么会唱歌吗？一个电台节目主持人需要比明星还明星吗？一个电台……(此处省略一万字)只闻其声不见其人，好像这样已经足够了，但我不知道从什么时候开始对自己的要求不仅仅是这些，或许是因为我本来就没有按照一个职业原本的模样去塑造自己。

那“行走的画报”是怎样养成的呢？当然是慢慢养成的，呃，又是一句废

话。我妈妈是电视台美丽女主播，我从小就能看到她拍的各种杂志照、形象照，甚至还有一些采访照片。她经常要采访一些政界、商界的领袖人物，她出门前无论稿子有多乱、司机师傅有多催她肯定要把妆化好，时间再赶也要在有限的时间里准备足所有“面子”上的功课。在我印象里，这好像是国际巨星必须要有的素养，至少是像我这样爱美的“画报级”主持人吧。不知不觉中，我明白这也是我应该要学会和应该要做的，后来发现我何苦那么累，做好电台节目主持人又不用露脸，只需要在话筒前把声音弄好就行了，等发觉这一切时已为之过晚了，这个画报已经养成，我已经走上了一条臭美的不归路，既美之则用之，必须坚持下去，如果我哪天真的不顾形象了，只是在收音机里陪伴大家，我自己都不会容忍自己的。自己的形象需要管理，需要追求这样一种心态和状态，尽可能把最好的一面展现给大家。

有一次，我为一本男性杂志拍摄照片，现场有编辑采访我，还有化妆师、服装师、造型师等很多人在现场，总之棚里面人满为患，而且摄影师前面已经拍了一整天，也很是疲惫。我在后台都准备好后就去见摄影师，他见到我先是一愣，然后就和我沟通拍摄的一些细节，拍完后他觉得特别满意。分别的时候我就说摄影老师你辛苦了，希望能早点看到您的作品。然后他就说：“你表现

得太好了，比电视上还好，现实生活中看脸真小，而且我特别喜欢听你的歌，你们不是和 S.H.E. 合唱了一首歌《谢谢你的温柔》吗？还有那个《超喜欢你》，你不是飞轮海吗？”这……我忙说：“老师，你认错了，其实我是 F4。”

说起来，还有一次被认错的经历，不过不是拍照。那次，我主持一个杂志的公益演唱会，当天晚上演员阵容很强大，有很多位当红歌手。我在后台看稿了解流程的时候，就有位扫地阿姨一直看我，欲言又止的感觉，我就友善地冲她笑了笑，不一会儿后就上台主持去了。活动结束后，发现阿姨还在看我，我就主动上去说了一句阿姨您辛苦了。这时候阿姨也开口了：“你刚才主持的声音太好听了，听上去都不像是现场发出的声音，而且你这个小伙子长得真俊，我的女儿特别喜欢你，墙上都是你的海报，原来你在韩国那个组合里的时候就特别喜欢你……”我当时一脸黑线，原来被当成韩庚了，后来我也是开玩笑地跟她说：“阿姨，其实我叫韩磊。”

生活中总是会有一些特别好玩的小插曲，说来说去就是大家觉得我更像个艺人而不仅仅是个电台节目主持人，非要问我走的是什么路线，我觉得百变就是我的路线，没路线就是我的路线！对于我来说，除了要做好自己的专业，还要学会各种百变才可以丰富自己的能力和领域，多元的收获也都在为你的专业加分。我可以是电台 MAI，也可以是电视 MAI，可以是歌手 MAI，可以是设计师 MAI，还可以是画报 MAI，在每一个领域我的形象都不需要一样，只需要做最最真实当下的自己就足够。现在再去看第一次拍时尚杂志时的照片，当时觉得很帅的，现在看起来会觉得特别的傻。话说回来，谁没有过去啊？就像每个人都有个不堪回首惨不忍睹的“极品前任”，过去的就让他过去，行走的画报，依旧在路上！

青春，本身就是不稳定的，像没兑好的洗澡水，

忽冷忽热。

有改善才会有改变

个人力量很薄弱，有时我也会想一个人到底对社会发展有多大的促进作用，好像微乎其微。但是就像我节目里经常插播的生活小贴士一样，节约水资源、节约用电之类的，看起来功效微小，但是积累起来效果还是很显著的。我突然想到了小时候老师给我们讲的水滴石穿的故事。对自己对他人来说，都是小小的公益，而我的主持人公众身份是我做公益的最好工具。

我的成长有个特别好的耳濡目染的环境，我的父母都是很节俭的人，也会积极支持我去参与学校和社会组织的一些公益方面的活动。我认为很多事情可以随时去做，也不用每分每秒都去刻意提到。比如我做电台直播节目，虽然会有很多常人看不到的背后的辛苦，但是想到别人听到我播出的每一首歌，如果会让他们开心的话，或者有了一种温暖的陪伴，我都会因此而欣慰，觉得自己是在做有意义的事情，也许很多听众并不熟悉收音机另一边的我。

2012 年开始，大家就频繁提到“正能量”这个词，我可能节目中很少提到，但感觉自己天天都在散播正能量，用音乐或是小小的公益在这个大大的平台上给人以更多的提醒，也渐渐发现给别人带来快乐不但是很了不起的公益，也有很大的私益——能给别人带来快乐的人，自己更快乐！

我们北京音乐台有个公益项目一直在做，叫作“马兰小学的爱心食堂”。这个小学位于革命老区河北阜平县城南庄镇，是由一名音乐老师发起的。创办人为了让山里的孩子们可以读书，可以学音乐，就筹钱盖了这座小学。刚开始没有人的时候就自己教自己办，后来渐渐有些社会力量加入后就不断去帮助更多的孩子，还帮助他们解决午餐和晚餐问题。很多小孩子家庭困难，上学需要翻好几个山头，最基本的午餐都解决不了，很多孩子都是饿着肚子在读书。因此，我们台就参与援建了一间“爱心食堂”。

我在那个小学也有个一帮一结对的小朋友，他会拉手风琴，是学校乐队的小明星，在他身上我看到了自己小时候对音乐的热爱，就经常鼓励他要好好学习，同时也不要把音乐的技能丢掉。有时我去看他的时候还会和他一起合作一曲，我弹钢琴，他拉手风琴，每次离别他都非常舍不得，觉得我像是他的哥哥一样可以照顾他、陪伴他。有时，我也会邀请他来北京，给他买几本喜欢的图书，但毕竟还是精力有限，更多的还是靠打电话去鼓励他，让他努力把握好现在的光阴，书写自己的未来。前段时间，我和同事一块去马兰小学的时候，还特意去“爱心食堂”里吃了一顿饭，看着小朋友们捧着大碗开心地往嘴里划拉着米饭，心里特别安慰。有时候还真是得好好体会一下那句古话“莫以善小而不为”，不要小看自己的点滴力量，有了改善才会有改变。

很多人一听到公益，首先想到的是捐钱捐物，我觉得方式真的可以有很多种，比如鲨鱼的保护是不买卖鱼翅，有心理疾病的人可以是谈心聊天，很多公益只需要一些简单的动作或鼓励。每天都节约资源，保持心情舒畅，然后推己及人，慢慢好多小事情也会有大的能量，当然像我这样如果有一个公众的身份和平台，你能做的事情就更多了，因为这个身份也是传播爱、扩大爱的最佳工具，也是我最想做的一件一辈子的事情。

话剧好好玩

“一个电台节目主持人，每天要上电台直播，偶尔要在电视节目里嘚吧，又要一直做音乐做专辑，现在又要演话剧，你到底是想闹哪样，是想抢多少人的饭碗？”我们领导在电梯里看到我，默默地指着电梯上贴的话剧海报对我讲了以上的话。我刚有点心怀“歉意”，他立刻说：昨晚戏演得很好！我全家都笑得肚子痛！

哈，说到话剧，我觉得这是一种缘分。有很多演员会“演而优则唱”，也有很多人“唱而优则演”，可话剧对于我来说，完全属于歪打正着，天上掉馅儿饼我给接着了，并且从开始的兴趣慢慢地变作了坚持，也为自己争取了很多机会。

我从小就爱演戏，这在前面也提到了，我在数学课上对老师演的那几出戏

足以让我成为我们那个小学的“戏精”。自从2009年年初开播《边走边唱》节目后，听节目的人越来越多，也认识了很多北京音乐界和戏剧界的朋友。有一天，一位戏剧界的朋友给我打电话，告诉我他那边有个戏，导演和编剧都是我的听众，觉得我在节目里的表现特别有画面感，包括我在节目里的一些反应都特别有戏剧笑点，就问我有没有兴趣来参演他们的舞台剧。当时把我高兴坏了，多么令人兴奋的事啊！演舞台剧很帅啊，于是我精心打扮了一番去见了他们的制作人，才知道他们只是让我当个嘉宾客串一下，上去没几句台词就可以走人。自己没想玩票，反而是被别人玩票了，但是玩玩也无妨，毕竟是第一次嘛，还是很珍惜每次特别的尝试，认真准备场上的每句台词和每个POSE。后来这个舞台剧一共演了18场，每一场都是那么简单的几句固定台词，第一部戏就这么过去了，虽说我只是个嘉宾客串，可这部戏演下来反响好像还不错，开始吊起了我的胃口，我应该可以演戏吧？

后来就越发上瘾，越发不甘心，我上午上直播，下午去排练，晚上演出，第二部戏一定要接个戏码足的。幸运的是，没过多久，北京青年新锐先锋戏剧导演赵淼要创作一部大型的梦幻剧《寻找梦幻岛》，不仅小朋友喜欢，年轻人也超爱的题材，刚好团队找到我，希望我

能加盟。我想机会难得啊，这次我一定要多争取一些，不准备再玩票当客串嘉宾了。于是，我就跟剧组谈参演条件，必须得让我演主角，真的是有大段台词，不是上台跳跳舞、晃一晃耍个帅，再唱个歌就结束的那种。对方说可以，但是你有时间吗？你必须有一整天的排练时间。我一听傻了，我节目是日播，也就是天天都要10点钟到台里去直播，12点以后的时间才可以自由安排，哪有一整天的时间啊？我又开始讨价还价，我可以把我下午和晚上的时间都用作排练，就这样三番五次和导演拉锯谈判，最后他们同意了。于是，开始投入到紧张的排练中，这个戏排了有两个多月的时间，里面有很多大的换装和置景。我在里面演一个古灵精怪的角色——毛超，台词和我在直播节目里说话的感觉比较相近，可语境和说话的状态是完全不一样的。这两个月多来，上午上直播，下了直播就赶到剧场，一直排到深夜，第二天早上还要正常赶直播。其实，之前导演还给我准备了一位替补演员，一样的衣服，一样的发型，一样的台词，时刻准备着。当时我就铆足了劲就是不给这位替补演员任何的机会（这样是不是狠了点），意思是说，既然下定了决心，就没打算中途放弃，离正式公演的日子越来越近，看到微博上面好多的听众和粉丝一直为我加油鼓劲，动力就更足了。正式首演圆满成功，这个剧结束后，导演还特意发了条短信给我：你表现得真的非常棒，出乎意料的棒！我也不知道他是说我作为非专业演员演成这样还不错，还是真的很不错。总之是个不错的过程，也让我体会到了做“主角”的辛苦和喜悦。从此以后，找我演戏的人越来越多，多到竟还有人跑到我电台楼下停车场问我有没有档期，为了自己对戏剧的这份热爱，之后的每年我都会坚持接一部好玩的舞台剧让自己过过戏瘾，当然今年例外，因为今年实在是分身乏术，你现在看到的这本书就算我今年的大戏啦。

对了，在参演我人生中第三部戏《再见我的爱人》的时候，发生了好多让我难忘的瞬间。那个时候的我已经可以在一部戏里同时扮演三个角色了，慢慢对表演也越发游刃有余，当然也让我体会到了演员这个职业的不易，尤其是舞台剧。它不像电影，错了可以再来一次，舞台剧就像是我们不能重来的人生，不容许NG，不容许重新再来，好像我做的直播节目一样，分秒都马虎不得。演这部戏的时候，我还在剧场里过了一个难忘的生日。3月29日的晚上，我像往常一样在舞台上演出，心想着等演完了和几个朋友一起庆祝下生日。没想到最后演员集体刚刚谢完幕，整个场灯就黑了，我还心想：不会是停电了吧？就在自己还在琢磨的瞬间，舞台左侧发出微微的烛光，现场的很多观众和导演一起把一个大大的生日蛋糕车推了上来，一起为我唱生日歌祝福，我

的心瞬间融化掉了。感谢完所有人之后，又来了一次集体谢幕，这时心想：应该不会再给我拉电闸了吧！突然很多热情的观众粉丝冲上舞台，有往我脸上抹蛋糕的，有拿手机跟我自拍合影的，现场乱成一团，很多蛋糕奶油就掉在了舞台地板上，当时还担心弄脏地板剧场会有意见。等我换装出来准备找人清理的时候，发现很多粉丝已经在用纸巾擦拭地板了。当时特别感动，发现这些喜欢我的粉丝就像是我的家人那样，可以跟我毫无顾忌地一起胡闹，又会时时刻刻担心着我的担心，生怕自己的一言一行会带给我什么不好的影响。出门的时候，负责剧场后勤的老大爷竖着大拇指说：你的粉丝是这个！这些小小的细节比给我过生日更让我欣慰，也让我觉得，我的努力是值得的。

对你的生活最有影响力的人，其实就是你自己。决定你是快乐还是不快乐的人，也是你自己。没有你的许可，任何事物都不能让你快乐。没有你的许可，任何事物都不能让你不快乐。我就是这样的人。

中国电台“好声音”

今年上半年，超有人气的THE VOICE《中国好声音》栏目组要录制第二季的冲刺赛，他们联系到我希望我能够加盟。首先我是作为“鲜辣麦客疯”的鲜辣评委出现，点评每位选手，给他们一些唱歌方面的建议。谁知道第二期开始就直接升级为主持，让我有了更多与好声音们的故事。

参加中国好声音录制的过程中，有两个人让我印象最为深刻，一个是满江，一个是林夕。满江是第二季冲刺赛的领队，也是我从学生时代就特别喜欢的一位歌手，见面的第一句话是他先跟我说的，我当时还没反应过来，他就站在我面前了，说特别喜欢听我的《边走边唱》节目，他叫满江。我内心其实特别激动，但是一时不知该怎么接话了，其实当时非常想说你的每首歌我都会唱。虽说不是听他的歌长大的吧，但是非常喜欢他的音乐创作。最后一场录制的时候现场特别火爆，因为来了一位乐坛传奇人物——林夕，作为主持人的我在介绍

他出场的时候并没有按照台本上的文字，而是把内心的真实表达了出来：“我相信每个人成长的爱情故事里都有过‘林夕’这两个字出现，哪怕这个人出现在你面前你认不出他是林夕，也一定听过他写的歌，《十年》、《至少还有你》，一字一句都见证了每个人爱情故事里的那些美好和刻骨铭心。”然后现场开始播放他的歌，我就跟着一起唱。作为一个主持人会对他的歌情不自禁唱起来。这让他非常开心，他在现场还对我说：你突然就唱起来，我都不知道该怎么办了。我也希望有一天，无论我的节目还是我今后创作发表的音乐作品，可以出现在很多人的记忆中，那该多美好！

说到“好声音”这个词，我真是不敢当，电台界好声音如云，我也有好多喜欢的声音。早在2010年年底的时候我就和我们北京音乐台的伍洲彤、春晓两

位前辈一起参加过“天天向上”好声音特辑的节目录制。当时我还是北京音乐台的一个新人，那会儿刚获得了“全国十佳音乐DJ”的大奖，刚好栏目组要做一期“好声音”的特辑，就邀请了几位风格不同的来自全国不同电台的主持人。那期节目还有三位实力派的歌手：伍思凯、林志炫和张信哲。其实给我打电话邀约的时候，我还一直担心会耽误电台直播节目来着，后来栏目组编导说他们那的很多导演、制片都是我节目的忠实粉丝，一直有听我的节目，小小虚荣心爆棚的我立马决定要去参加节目录制，那也是我长这么大第一次去湖南。

当天我们是下午4点左右到达湖南长沙的，被安排6点进棚录影，可是正好赶上湖南台有一个特别重大的发布会，时间就一直往后推，真正录影时间就被延迟到了晚上10点。那个时候深深体会到，做电视节目最辛苦的就是等待，

跟演员等着拍戏一样煎熬。一切准备就绪，时刻准备展示自己最精彩的部分，那种感觉很焦虑。因为部分镜头是分批录制的，我的那组是在凌晨2点，但其实大家在电视里看到我的状态依然是很HIGH的，虽然我之前已经睡意很浓了，但一到登场的时候，激情就瞬间被点燃，当时还把汪涵大哥吓了一跳。正常人也会想：现在已经是凌晨2点了，这孩子又是打了鸡血来的吗？殊不知我也是为了让大家把我在电视里的形象和电台里的形象统一起来，才使出了浑身解数展示自己最阳光活力的一面，其实那个时候眼睛都快睁不开了。就这样，顺利录完后就搭飞机赶回北京继续直播了。没过多久节目正式播出，那天晚上我正好和一个演员朋友在外面吃饭，餐厅里面悬挂着超大的电视，客人、服务员都在看。突然看到自己出场了，我也偷偷注意餐厅里的人的反应。"这DJ长的还挺像韩国人的，这主持人真活泼，还跳起来了！Oh，他就是麦麦，就是咱们那天坐车听的广播里的那个麦同学。"听到这儿，朋友建议我默默地像螃蟹一样移出屋子，以免被认出来，于是两只"螃蟹"开始移动。就在这时，爱搞怪的天性犯了，我猛然转身对着大家说道：大家好，我是活的麦同学！然后就迅速走了，此时电视上刚好在播我跳舞，我俩来不及看现场的反应，但是想也能想到留下的会是怎样的静寂就有多静寂。我有时真是十足的抽啊！哎！

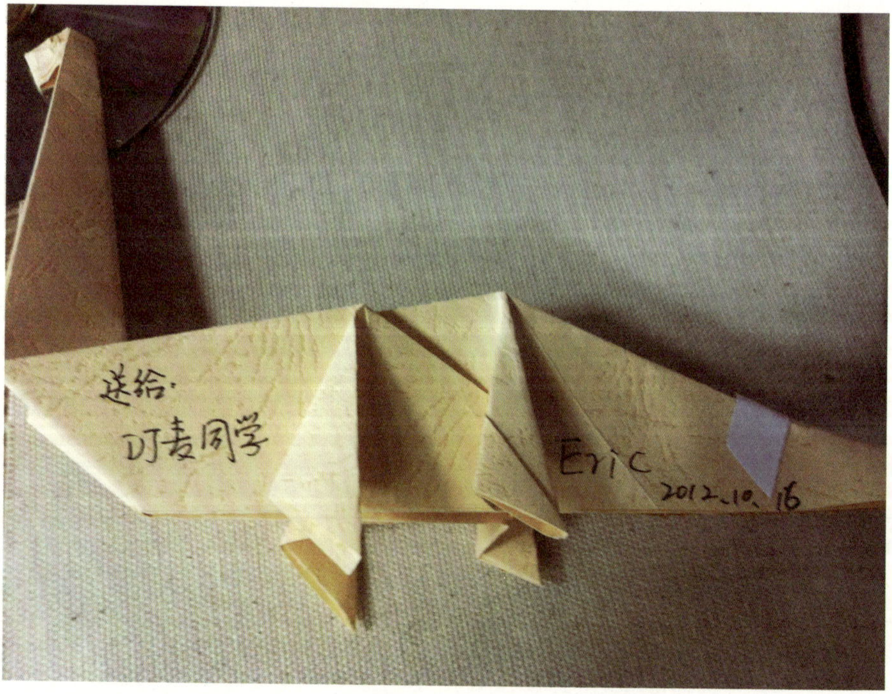
送给：
DJ麦同学
Eric
2012、10、16

我总觉得，世界那么大，总该有人懂你

很多人经常把我问到吐的一个问题就是：做了9年电台音乐节目的年轻主持人，你最喜欢听什么歌？这个问题每每出现在我耳畔时，我都会下意识地将我的右拳紧握（当然，只是爱摆POSE而已），然后长舒一口气，说：都爱！

你想想看，你跑去问天天在菜市场卖菜卖了15年的阿姨，你问她今天什么菜最好吃，她也会滴下三滴汗然后告诉你，都好吃！不过话说回来，对于我，音乐不只是工作，而音乐本身有意思的地方就是它不仅仅是音乐，它在不同的时间、不同的场合扮演不同的角色，有的时候我真的好爱咚呲哒呲、咚呲哒呲的热络劲儿，听点国外最新MIX（混音）出来的舞曲感觉特有时代节奏感；有的时候又偏好听点温柔细腻的抒情文艺调调，回忆过往、憧憬明日，一秒变文艺多愁善感男青年。其实这不属于人格分裂，都是音乐在帮我们发现自己。所以我在2008年大学毕业时写的那首《最夏》就是我跟死党扔完学士帽、狂吃

狂喝毕业散伙饭HIGH到不行后，回到家里的那一刹那，突然发现时间静止了，一切都停了。可是时间怎么可能真的静止，其实只是因为自己空了下来，刚好那天的光线特别细腻明媚，缓缓的辞藻和旋律就出现在了我的脑海，我就写出了这首歌。而后来发现再写这样的东西，就总是缺少那么一点点味道，嗯，应该是时间的味道吧！

对，音乐还有记录时间、记录季节、记录各种画面味道的功能。说到时间的味道这个词组让我想到一首歌，她的演唱者是许飞。跟她认识的契机很特别，很多人提到她都会先冠上“超级女生”这四个字，而我对她的印

麦麦的声音就像涓细无声的溪水陪伴了许多人，走过季节的更迭与无数的晴雨晨昏……我特别期待这册书能将空中美不胜收的电波存档，让我们的视线永远停留在没有离别的美景中。

——爱麦麦de许飞

象不限于此。每每在节目里播她的歌，都会特别想说一些文绉绉的旁白去表达我对她声音的一些理解，每次播放她的那首《夏天的味道》，我都会情不自禁跟着一起唱，因为我觉得这首歌代表她会很懂我。这其实就是一个鲜活的妄想症的例子，在歌迷和歌手之间，在听众和DJ之间，在DJ和歌手之间，都会有吧。后来有一天我在直播的时候又放这首歌，边放边唱边刷微博，突然看到许飞发了一条：电台节目里的DJ正在唱我的歌！然后，我们有了除去用声音神交更进一层的关系——微博好友！以至于后来她第一次做客我节目的时候，我俩都有点小小的害羞。我在节目里很大声告诉听众我们是网友来的。聊到她那首《夏天的味道》的时候，许飞的话让我有点感动，也特别感怀，她说："麦麦，你知道吗？有一次我开着车在路上，心情特别不好，突然听到你的节目正好在播我的这首歌，播着播着你就跟着一起唱了起来，我静静地把车停在路边，静静地听，听我自己的歌声，听你跟着一起唱，有种说不出的感动。因为参加完《超级女生》到现在，每每参加演出，主办方永远只要求唱比赛时候演唱过的，大家比较耳熟能详的歌曲，从来没有唱过这首《夏天的味道》，而我自己非常喜欢这首歌。可作为歌手的我，在现实面前没有太多机会、没有太多选择，然而通过这样的方式，让我那一刻望着车窗外的光线，回想自己一路走来，发现原来在偌大的城市里，不远不近的距离，有个人，很懂我。”

是啊，每个人在每个行业、每个岗位上都会被各种各样的框架所束缚，它其实不应该存在，可是很不巧它就是永远都会在那里。我们只有两个选择，去和框架融为一体变作一幅画，看到镜子里陌生的自己也依旧会露出平静的表情；或者让自己强大一点把框架撑大一些，获得更多的自在。现在的许飞选择了后者，当了军人，开了自己的吉他私塾，飞翔在自己想要的音乐世界里快乐地生活。她感觉我作为一个熟悉的陌生人很懂她，我倒觉得是她很懂我。我从小学习钢琴、中学拉过二胡、高中吹过竹笛、大学选修过大提琴，对于“十八般乐器”里唯独对吉他未曾勇敢尝试过的我，收到了她送的一把MINI吉他Ukulele（尤克里里琴，一种四弦吉他）。我们约定好下次在节目里要一起边弹边唱，不知道那个时候谁又会把车静静停在路边，听着收音机里的我们，或是感叹光阴的飞逝，或是思考自己的未知生活，或是牵手副驾驶的那个她，抑或是期待懂他的人赶快出现……因为我总觉得，世界那么大，总该有人懂你。

分享真实的满足感

Heart, mind and soul

前不久我开通了两个微信的工作账号，一个是用于语音留言的maijiazu，还有一个是用于发布活动消息的公众账号maijiazumaijiazu，增加了更多跟听众彼此互动的机会。有一天我打开电脑，弹出了这样的一条留言，让我整个早上都充满了爱的元气。这位听众留言特别朴实，洋溢着满满的爱。留言里说道："麦小宝，你好，我听麦小宝的时候，麦小宝是麦小宝，我现在成家立业有了自己的老婆，生了自己的小宝，但收音机里的麦小宝依旧还是那个麦小宝。"

任何事情都抵不过时间，当你在乎一些事情的大小、人情的变迁等生活碎片的时候，你已经在渐渐地改变着，如果你觉得自己没有变，或变成了更好的人，就会成就成长中的所有美妙！四年虽说不是很长的一段时间，对我来说，是一个学生经历大学生活，从入学到毕业的一个成长过程，从2009年《边走边唱》开播到现在又是一个四年，两个四年加起来也是一段不短的成长历程，这其间有太多的经历和感悟，一个毛头小子就这样逐渐地成长起来，那只准备起飞的小天鹅也早已羽翼丰满，准备飞向更加宽广的梦想天空。

其实早在2009年的时候就有出版社编辑联系过我，那个时候我除了主持每天上午的《边走边唱》之外，还在主持着周末下午的《974活力点唱K歌榜》（有点像《边走边唱》的周末版），收听族群也非常大。有位出版社的领导听到了我的节目，周一上班召集大伙儿开会说：你们今年一定要给这个主持人出一本书，让他用写书的方式教教大家怎么唱好歌！他太会唱啦！刚好出版社的营销总监和我的同事是朋友，就马上联系到了我，问我出书的意愿，我没有像大学时候拒绝电台邀约那样推脱，一口就应下了，还兴奋不已，可谁知，出书哪有那么容易？

经过一周的思考，我觉得当时自己的阅历和经验根本不足以出书，书哪能儿戏，书在我心里可是充满神圣感的，所以我心想宁可放人家鸽子，也不能随随便便就为了满足自己的一时好奇而玩票。就这样，一周后很尴尬地跟人家见面说了自己的想法，而对方也一再地劝我：这个，可以有！我：这个，真没有。

四年不知不觉就过去了，说到刚才的事情好像就发生在昨天。四年后的今天我发现即便没有这后来的四年，用文字分享之前在大学的一些经历和感悟，说一说我这个提早步入职场的"早熟份子"对工作的一些想法，或者是聊聊我的一些微不足道的成长史，我在遇到变化和机会时如何取舍做选择题的切身经历，都比之前要来得自信和坦然。可能自己在工作方面变得越发理性，一聊起工作就满脸认真的表情，严肃专业的样子能把实习生吓到：这真是麦同学本人吗？可私下聊到对生活的感悟，我还是那个无比活泼、崇尚简单的我，真的觉得自己改变了一些，又保持了一些，嗯，这里也有一个特别好的感悟要分享给你：生活，总是给你一些，取走一些。

通过这么多年做电台音乐节目，我收获到了很多的满足，这些都是我想要努力去分享给你的。首先是自己梦想上的满足，自己一直在积累，那么多的触动好像一开始就是为了梦想的实现而做加速，而当这个梦想真正实现的时候好像这些又显得没那么重要了，反而是去实现它的这个过程让我迷恋，这是对自己的一种证明，也是对未来自己的一个交待。初中的时候，会有人觉得我怎么穿那么肥的牛仔裤，瘦瘦的腿肥肥的裤管，搞什么飞机呀，我就当作他们不理解我的艺术审美，微微笑；高考的时候，因为选择特长生而被贴上学习不好的标签，考不上大学的才去学特长吧，肯定是这样，将来也不会有什么大的发展，

银座 MOLL

ETUDE

银座 MOLL

我就当作他们不会像我一样弹钢琴而羡慕我，原谅他们；到了大学，天天上直播节目是不是不务正业啊，不好好钻研自己的专业就去干这干那，将来能有发展吗？你看，这么一说，好像从小到大总会跟你一样，遇到各种各样质疑的声音。当然，也会有很多不看好你的人，你可能或多或少会在意一些，也可能会像我一样，慢慢铸就了一个好心态，你会慢慢发现这些都是在无形中给你的成功添加动力的功能型饮料，只要你在行动，他们的存在就会为你的梦想补充能量。当你真的成功的那一天，也可以把喝完的饮料瓶子放进垃圾桶，准备迎接新的挑战。可无论怎样，当你梦想收获的那一刹那，你会发现好像天空始终都是晴朗的。

这种满足感就是，经过这么长时间的积累过程后，能让你一下子放松下来，让你一下子茅塞顿开般地看到镜子里的自己真实的模样，发现原来自己并不是为了这些而活，而是为了接下来更大的梦想和要更加努力的那个状态而奋斗，我觉得这是我成长中最大的收获。

第二种满足就是，我收获了很多认识的不认识的、见过的没见过的真实的“好朋友”。在我暴雨赶直播后的那几天，因为生病我总是戴着口罩坐公车，曾有一个女生拿手机打上字后把手机合上，走过来拍拍我肩膀然后打开给我看，上面写着“早安，麦同学”，她认出了我，但是没有打扰我，只是让我知道，这也是一种支持。特别奇遇的是，她后来还以某广告公司客户经理的身份跟我谈合作，让我觉得缘分真奇妙。还有一位听众，三年前在北京工作的时候听我节目，后来离开北京，过了三年他又回来了。他给我留言讲了好长的一段心里话：“好像在我沮丧离开这个城市的车上，能感觉到节目里你对这个城市的热情、对生活的憧憬；当我奔波了三年，再次带着梦想回到这个城市的时候，我可能发生了很多改变，但你依旧还是那个对生活充满热情的你。我特别想用现在的身份跟你说一声感谢，也希望在未来的五年、十年、二十年，依旧都能有你的陪伴。”后来我在节目里送了他一首歌——《回家》，寓意很明显，欢迎他回家，也希望他在他向往的城市里拥有自己甜蜜幸福的家，也希望每位读这本书的你可以像他一样拥有着分外踏实的归属感。在若干年后，无论你离家、回家、成家、想家，都记得，你还有个可以去的地方，叫作麦家族，我会一直在这里等你。

后记

After Party

感谢上天赐予我的那么多灵感，让我从故事的开始就喷张出色彩，从未枯竭。谢谢我的老爸老妈从让我来到这个世界就开始支持我做自己喜欢的任何事情，他们是我在这个世界上最爱的男人和女人，没有之一。谢谢出现在我声色青春里的每一个你，把平凡的故事变得有爱，把曾经看似落寞的碎片变成了五光十色的值得去分享的回忆，这都是青春折射给我的力量与光彩。

谢谢出现在我广播青春里的那些贵人：大学开始做广播时候的领导和同事们，好久不见，很多单纯的美好回忆都是同你们一起走过！苏京平老师，祝您健康万福！席伟航台长，谢谢您的厚爱与亲和，我会继续加油的！王秋总编辑，我的每一步成长都少不了您的鼓励！吕游台长，是你给我最初的鼓励和认可，也正是让我绽放青春的最大动力，谢谢您！陈京英台长，您的亲和力无人能及，您对我的呵护与爱护让我时刻温暖！郑阳台长，偶像姐姐又是领导压力好大哈哈，谢谢您的指教！ 亲爱的亚欧姐、邵邵姐、小夏姐、任樱姐、许鹏哥还记得你们为我做最初第一场见面会活动的模样，跟你们在一起工作好放松！以及北京音乐台所有前前后后可爱的同事们，我爱你们。

谢谢我的小伙伴儿、我的发小、我的朋友、我的设计师 FaFa，高中时候下晚自习你会帮我画漫画，长大了你还要为我起早贪黑的设计书跑印厂，彼此的青春一起继续创作，也一起描绘出它应有的色彩！友谊万岁！

还要谢谢这次和“时代”的缘分。尤其是出版社的周总，您喜欢我的文字给了我莫大的信心。以及各位领导对我不遗余力的支持，也让我倍增鼓舞。还有为我跑前跑后的出版社的同事们，你们都是最可爱的人儿！

最后，要谢谢懂我的你们。

我一直相信，发出的声音就像是一道彩虹，每个人都会被钟爱到一种颜色，当你努力想反馈给我你的快乐的时候，除了边听节目边给我写信，还可以在这里读我的文字，看我的表情，来跟电台里的那个熟悉的声音对照，若干年后，你会说：啊，是他。陪我一起走过美妙青春的人，声声入耳，五光十色！说完，还会把书安静的合上，脸上的微笑特别好看。

麦麦

MAI